教育部人文社会科学研究"全媒体时代网络意识形态风险生成机理及治理路径研究"（22YJC710034）项目资助

信息化时代
高校思想政治教育创新研究

李佳◎著

人民日报出版社
北京

图书在版编目（CIP）数据

信息化时代高校思想政治教育创新研究 / 李佳著.
北京：人民日报出版社，2024. 12. -- ISBN 978-7
-5115-8558-5

Ⅰ . G641

中国国家版本馆CIP数据核字第2024CC6472号

书　　　名：信息化时代高校思想政治教育创新研究
　　　　　　XINXIHUA SHIDAI GAOXIAO SIXIANG ZHENGZHI JIAOYU
　　　　　　CHUANGXIN YANJIU
著　　　者：李　佳

出 版 人：刘华新
责任编辑：刘晴晴
封面设计：中尚图

出版发行：人民日报出版社
社　　址：北京金台西路2号
邮政编码：100733
发行热线：（010）65369509　65369527　65369846　65369512
邮购热线：（010）65369530　65363527
编辑热线：（010）65363105
网　　址：www.peopledailypress.com
经　　销：新华书店
印　　刷：三河市中晟雅豪印务有限公司
法律顾问：北京科宇律师事务所 010-83622312

开　　本：710mm × 1000mm　1/16
字　　数：208千字
印　　张：15
版次印次：2024年12月第1版　2024年12月第1次印刷

书　　号：ISBN 978-7-5115-8558-5
定　　价：59.00元

前　言

党的十八大以来，以习近平同志为核心的党中央高度重视高校思想政治工作，强调"宣传文化思想文化事关党的前途命运，事关国家长治久安，事关民族凝聚力和向心力"。当前网络信息化发展越来越快速，必须推动思想政治工作传统优势与信息技术深度融合，使互联网这个最大变量变成事业发展的最大增量。高校思想政治教育担负着培养德智体美劳全面发展的社会主义建设者和接班人的重要责任。为此，高校思想政治教育要在社会信息化大趋势中继续发挥优势、赢得主动，紧跟信息化时代步伐，充分发挥现代信息技术优势，对传统高校思想政治教育进行改革创新，促进高校思想政治教育同现代信息技术深度融合。

首先，在本书对信息化、信息化时代等基本概念和范畴进行界定的基础上，探讨信息化时代高校思想政治教育创新的内涵、特征和要求，追溯信息化时代高校思想政治教育创新的理论依据，为信息化时代高校思想政治教育的创新提供必要性证明，互为信息化时代高校思想政治教育的创新提供了有理、有据的理论基础。其次，进入信息化时代，对高校思想政治教育的宏观及微观环境都有深刻影响，导致高校思想政治教育呈现出一系列新的矛盾，这决定了高校思想政治教育在信息化背景下进行创新的紧迫必要。再次，本书从实际出发，利用问卷调查法对黑龙江省12所高校的大学生和高校思想政治理论课教师展开实证调研，总结信息化时代高校思想政治教育现状及存在的不足，分析阐释了这些不足存在的主要原因，即信息化时代高校思想政治教育创新面临的主要挑战，有助于未来我们在探寻高校思想政治教育创新策略时"找准症结，靶向治疗"。最后，笔者从教育理念、教育方法、教育载体以及教育机制四个方面，探讨信息化时代高校思想政治教育创新的思路和策略。

本书在理念创新方面，提出基于价值、实践和发展三个层面的创新路径；在方法创新方面，提出人机协作法、智慧思维法、智能教育法和预警干预法；在载体创新层面，提出打造思政媒体矩阵、创设思政教育虚拟社区和构建思政网络学习空间；在机制创新方面，提出构建监管机制、协同机制、运行机制和保障机制，旨在进一步推动高校思想政治教育的数据化、精准化、智能化，不断增强高校思想政治教育的时代感和主动性、针对性、实效性。

目　录

绪 论

进入新时代，高校思想政治教育处于新的历史方位，担负着新的历史使命。在中国共产党成立100周年之际，中共中央、国务院印发了《关于新时代加强和改进思想政治工作的意见》，指出"思想政治工作是党的优良传统、鲜明特色和突出政治优势，是一切工作的生命线"，"推动思想政治工作传统优势与信息技术深度融合，使互联网这个最大变量变成事业发展的最大增量"，"坚持守正创新，推进理念创新、手段创新、基层工作创新，使新时代思想政治工作始终保持生机活力"①。这既是对新时代加强和改进思想政治工作提出的要求，也为进一步加强和改进高校思想政治教育指明了方向。高校思想政治教育作为高校思想政治工作的重要组成部分，需要借鉴、吸收一切有益于推动其创新的信息技术。随着信息化时代互联网的飞速发展，现代信息技术发展所带来的变革性影响愈发明显和突出，以互联网、大数据、人工智能等为代表的现代信息技术为高校思想政治教育的创新提供了机遇和条件。因此，顺应"信息化"这一新时代发展呼求，推动思想政治工作传统优势同信息技术高度融合，已成为摆在高校思想政治工作者面前的时代课题。

---

① 《中共中央　国务院印发〈关于新时代加强和改进思想政治工作的意见〉》，《人民日报》2021年7月13日，第1版。

一、选题背景、目的及意义

（一）选题背景

新时期高校思想政治教育创新的现实诉求。党的十九届六中全会指出，"我国意识形态领域形势发生全局性、根本性转变，全党全国各族人民文化自信明显增强，全社会凝聚力和向心力极大提升，为新时代开创党和国家事业新局面提供了坚强思想保证和强大精神力量"①。而"加强和改进思想政治工作，事关党的前途命运，事关国家长治久安，事关民族凝聚力和向心力"②。高校思想政治教育作为"为党育人、为国育才"和"立德树人"的重要保障，需要立足新的历史方位与时俱进、不断创新。党的十八大以来，以习近平同志为核心的党中央将高校思想政治教育工作摆在更加突出的位置，强调要"因事而化、因时而进、因势而新"③。党的十九大以来，在我国社会主要矛盾已经发生改变的新形势下，高校思想政治教育也相应地呈现出新的矛盾。要合理有效地解决这些矛盾，就要在坚持既有的优良传统、宝贵经验和主要原则的基础上，坚持育人为本，面向世界、面向未来，依据现实发展形势和要求，推动高校思想政治教育不断与时俱进、改革创新，这是"实施时代新人培育工程，完善青少年理想信念教育齐抓共管机制、培养德智体美劳全面发展的社会主义建设者和接班人的现实诉求"④。

信息化引发的时代变革。在高校思想政治教育积极寻求创新之际，又适逢信息化引发的时代变革。信息化时代与农业、工业时代不同，它是以

---

① 《中共第十九届六中全会在京举行》，《人民日报》2021年11月12日，第1版。
② 《中共中央 国务院印发〈关于新时代加强和改进思想政治工作的意见〉》，《人民日报》2021年7月13日，第1版。
③ 《把思想政治工作贯穿教育教学全过程 开创我国高等教育事业发展新局面》，《人民日报》2016年12月9日，第1版。
④ 《中共中央 国务院印发〈关于新时代加强和改进思想政治工作的意见〉》，《人民日报》2021年7月13日，第1版。

信息的创造、分配和利用为主导，信息资源成为信息化时代社会经济发展的重要财富。信息化时代的到来深刻改变着人类社会生活的各个方面，它的影响从科学界逐渐向经济、政治文化等领域扩展，其影响力也日渐增强，在信息技术改变世界发展格局的情况下，我国政府对此给予了高度关注，并做出积极反应。20世纪90年代，党中央强调要认识信息技术对于社会经济发展的重要作用。之后又多次做出发展信息技术和加快国民经济信息化的决策，将信息化提高到国家经济和社会发展的重要层面。党的十八大以来，习近平总书记就信息化建设发表了一系列重要讲话，多次强调"没有信息化就没有现代化"[①]，"信息化发展很快，不进则退，慢进亦退"[②]，"只有积极抢占制高点，才能赢得发展先机"。一系列关于推进信息化发展战略的政策、文件也相继推出，为我国信息化的发展做出了顶层设计与发展战略规划。2020年7月30日，在中央政治局第二十二次集体学习时，习近平总书记提出"加快机械化信息化智能化融合发展"。正是在国家顶层设计与发展战略规划的助推下，信息化在我国得到了更为广泛和更为深层的应用。概而言之，信息化已成为一种势不可挡的时代趋势，不仅在世界范围内产生了巨大影响，也在我国引发一系列社会变革。

信息化对高校思想政治教育的影响。自20世纪90年代以来，信息基础设施就像公路、铁路等基础设施一样，逐步发展完善并成为现代社会不可或缺的一般物质条件，逐渐渗透到人们生产和生活的方方面面。伴随着网络的广泛普及与信息技术的迅猛发展，巨大的信息化浪潮带着海量信息涌入社会现实，由此迸发出了巨大、复杂的能量，深刻改变着人们的交往方式。"人人都是通讯社，人人都有麦克风。"网络社会中各种信息层出不穷，不良信息掺杂其中。"交织叠加的多元社会思潮显然对新时代高校思

---

① 《迈出建设网络强国的坚定步伐》，《人民日报》2019年10月19日，第1版。
② 《迈出建设网络强国的坚定步伐》，《人民日报》2019年10月19日，第1版。

想政治教育的话语权建构带来诸多阻滞性影响"①。习近平总书记指出,"积极推动信息技术与教育融合创新发展,共同探索教育可持续发展之路"②。可见,高校思想政治教育改革、创新、发展与信息技术密不可分。在信息技术快速发展的时代背景下,需要重视新科技在思想政治教育中的重要作用与应用。"信息化时代高校思想政治教育创新研究"就是站在信息化这一新的时代历史方位下,根据"信息化时代发展诉求"和高校思想政治教育实践的深化,运用信息化技术手段,有针对性地开展高校思想政治教育,不断推动高校思想政治教育发展完善。这不仅是落实高校立德树人根本任务的本质要求,也是当前加强和改进高校思想政治教育的重要选择。

(二)选题目的

信息化时代,"信息知识已成为创造社会财富的主要源泉之一,由信息传播所形成的知识流构成了社会发展的主要动力"③。信息资源日益成为重要生产要素和社会财富,信息掌握的多寡成为国家软实力和竞争力的重要标志。"善于结合实际创造性推动工作,善于运用互联网技术和信息化手段开展工作。"④基于此,本课题研究目的主要有二:第一,综合运用现代思想政治教育接受论、现代思想政治教育环境论、马克思主义关于人与环境辩证统一思想以及习近平总书记网络强国战略思想深入解读,通过"文献梳理—理论分析—实践调研—总结归纳",系统梳理、深入分析和概括聚焦信息化时代高校思想政治教育创新研究的具体问题。第二,促进信息化时代高校思想政治教育的创新发展、增强新时代我国高校思想政治教

---

① 盛红:《新时代高校思想政治教育话语权的建构》,《河海大学学报(哲学社会科学版)》2020年第6期,第15-21页,第109-110页。
② 《习近平致信祝贺国际教育信息化大会开幕》,《人民日报》2015年5月24日,第1版。
③ 舒友文、韩飞:《正能量信息传播在思想政治教育中的影响研究》,《宁波广播电视大学学报》2016年第1期,第114-118页。
④ 《习近平总体布局统筹各方面创新发展,努力把我国建设成为网络强国》,《人民日报》2017年10月28日,第1版。

育的实效性。按照"善于结合实际创造性推动工作，善于运用互联网技术和信息化手段开展工作"这一要求，通过"互联网技术和信息化手段"①解决高校思想政治教育创新过程中遇到的现实难题，推动信息化时代高校思想政治教育的理念、方法、载体等的创新，增强新时代我国高校思想政治教育的实效性。

（三）选题意义

"每个时代的谜语是容易找到的。这些谜语都是该时代的迫切问题。"②立足信息化时代背景，研究当前高校思想政治教育创新是一个既具前沿性又交叉性较强的研究课题，有着重要的理论意义和实践意义。

1.理论意义

首先，"信息化"是一个客观的社会历史进程，对"信息化"的探讨是当今学界最引人注目的焦点话题之一。新时代，人类社会正处在大发展大变革大调整时代，只有"深刻认识我国社会主要矛盾变化带来的新特征新要求，深刻认识错综复杂的国际环境带来的新矛盾新挑战"③，才能"战胜一切风险挑战"④。而"信息化"正在影响着人类生活的方方面面，且以一种非常深刻的方式重构着人类的生活方式。"信息化"是思想政治教育研究领域的一个研究方向，它是新时代思想政治教育创新研究的前提条件，也是思想政治教育现代化的体现之一。研究信息化这一时代背景下的高校思想政治教育创新问题，分析社会信息化阶段高校思想政治教育创新面临的新情况、新趋势和新挑战，既是信息化时代高校思想政治教育发展

---

① 中共中央党史和文献研究院、中央"不忘初心、牢记使命"主题教育领导小组办公室：《习近平关于"不忘初心、牢记使命"论述选编》，北京：党建读物出版社、中央文献出版社，2019年，第54页。
② 《马克思恩格斯全集》（第1卷），北京：人民出版社，2002年，第203页。
③ 《在庆祝中国共产党成立100周年大会上的讲话》，《人民日报》2021年7月2日，第2版。
④ 《在庆祝中国共产党成立100周年大会上的讲话》，《人民日报》2021年7月2日，第2版。

的客观要求，也是丰富高校思想政治教育理论研究视角的内在诉求。

其次，丰富、发展和完善高校思想政治教育创新的理论体系。"伴随着世界经济与科学技术的迅猛发展，以信息技术为代表的信息化浪潮正席卷全国"[1]，对人类文明、人的社会生活以及人类感知和改造世界的方式等造成了越来越深刻而广泛的影响，也由此引发高校思想政治教育的变革。事实上，当前信息化时代背景下的高校思想政治教育创新的理论研究已经取得了一定的成果，但仍存在不足之处，需要进一步深入探讨两者融合创新过程中的一些理论问题，完善高校思想政治教育创新的理论体系。本书通过对"信息化"核心概念的界定、属性的分析，信息技术与高校思想政治教育价值关联的挖掘、创新内在要求的厘清等问题的深入探讨，有助于进一步推动完善信息化时代背景下高校思想政治教育创新的理论体系，破解高校思想政治教育创新过程中的理论难题，推动信息化时代高校思想政治教育创新的理论发展，弥补当前对信息化时代背景下高校思想政治教育创新理论研究的不足。

2.实践意义

首先，顺应党和国家立足信息化时代背景这一新形势下对高校思想政治教育所做出的战略部署和创新要求的需要。在信息化时代背景下，高校思想政治教育要坚守"立德树人"使命，实现全员、全过程和全方位育人；要坚持不懈地传播好、发展好马克思主义的科学理论；要围绕学生、关照学生和服务学生；要在把握好育人规律的前提下进行大学生思想政治教育；同时，还要积极运用"互联网技术和信息化手段"做好高校思想政治教育工作。这些都是党和国家在宏观政策层面所做出的新部署和新要求。以"信息化"为现实背景，进行信息化时代背景下高校思想政治

---

① 刘小丽、隆滟：《金塔县农业信息化发展存在的问题及建议》，《现代农业科技》2015年第24期，第328-331页。

教育创新问题的研究，能够在高校思想政治教育中树立"数据化""网络化""智能化"和"全球化"意识，以信息化视角来推进高校思想政治教育实践方式的转变，助力"三全育人"的实现；通过对数据信息的分析来了解高校学生的现实需求，提升高校思想政治教育的针对性，以更加契合教育对象的方式进行思想政治教育，从而更好地回应信息化时代这一新形势对高校思想政治教育提出的创新要求。

其次，有助于创新高校思想政治教育方法和手段，提升高校思想政治教育实效性。信息化时代发展的现实需要催生了对信息化时代高校思想政治教育创新问题的研究。高校思想政治教育创新愈加适应于信息化时代要求，愈加趋向于科学化、信息化、现代化，就愈有利于高校思想政治教育的创新和发展。本书立足于信息化时代背景，着力发掘现代信息技术作为高校思想政治教育创新的有利因素，在实际研究中求新求变，引导高校思想政治工作者保持创新精神，积极投身到高校思想政治教育信息化建设中，及时更新教育观念，立足信息化时代，抓住"信息化"带来的机遇，借助信息技术、大数据技术等多种方法和手段，创新工作方式、工作理念，通过结合教育信息化环境和信息化时代学生社会交往特点等现实境况，实现高校思想政治教育与信息技术的深度融合，并不断创新出适合信息化时代要求的教育方法和手段，有利于高校思想政治教育工作取得新的突破，进一步提升高校思想政治教育的针对性和实效性。

二、国内外研究现状

（一）国内研究现状

为全面掌握高校思想政治教育创新的研究现状，笔者先后查阅中国知网（CNKI）、万方数据知识服务平台、维普资讯中文期刊服务平台和读秀数据库中文电子图书平台，通过对相关研究成果进行检索，对比后发现中国知网（CNKI）数据库资料文献数据较丰富。因此本书选择中国知网

（CNKI）进行文献梳理、归纳和分析，截至2021年11月30日，在中国知网（CNKI）上针对"信息化时代高校思想政治教育"相关内容进行检索，为了方便以更简洁的表格形式呈现文献检索结果，将表1中的"思想政治教育"一词简写为"思政"，整理结果如下。

表1　关于"信息化时代高校思想政治教育创新"研究的学术文献统计

| 检索词 | | 文献 | 学术期刊 | 学术辑刊 | 特色期刊 | 学位论文 | | 会议 | | 报纸 | 图书 | |
篇名	主题					硕士论文	博士论文	国内会议	国际会议		中文图书	外文图书
思政		121139	86200	226	21100	9188	458	1009	123	2126	40	—
高校思政		23649	17300	55	4252	1623	35	161	33	156	13	—
高校思政	创新	7101	4748	12	1296	925	33	43	10	25	6	—
高校思政	改革	1599	1130	2	274	148	23	9	2	8	—	—
高校思政	加强	3468	2139	4	490	767	30	17	1	18	2	—
高校思政	改进	685	505	104	—	55	6	8	0	5	1	—
高校思政	信息化	194	137	1	47	6	2	—	1	—	—	—
高校思政	信息化时代	39	30	—	9	—	—	—	—	—	—	—
高校思政创新	信息化	9	6	1	1	—	1	—	—	—	—	—
高校思政创新	新媒体	165	119	—	35	9	—	—	2	—	—	—
高校思政创新	自媒体	9	6	—	3	—	—	—	—	—	—	—

检索词		文献	学术期刊	学术辑刊	特色期刊	学位论文		会议		报纸	图书	
篇名	主题					硕士论文	博士论文	国内会议	国际会议		中文图书	外文图书
高校思政创新	微媒体	4	2	—	1	1	—	—	—	—	—	—
高校思政创新	大数据	69	42	1	18	6	1	—	1	—	—	—
高校思政创新	信息化时代	2	2	—	—	—	—	—	—	—	—	—
高校思政创新	新媒体时代	77	61	—	12	3	—	—	1	—	—	—
高校思政创新	自媒体时代	2	1	—	1	—	—	—	—	—	—	—
高校思政创新	微媒体时代	—	—	—	—	—	—	—	—	—	—	—
高校思政创新	大数据时代	42	28	1	8	4	—	—	1	—	—	—

　　通过对2011—2020年关于"高校思想政治教育创新"的文献数量进行的统计分析，发现近10年间关于"高校思想政治教育创新"研究的文献数量呈增长趋势。具体结果如图1所示：

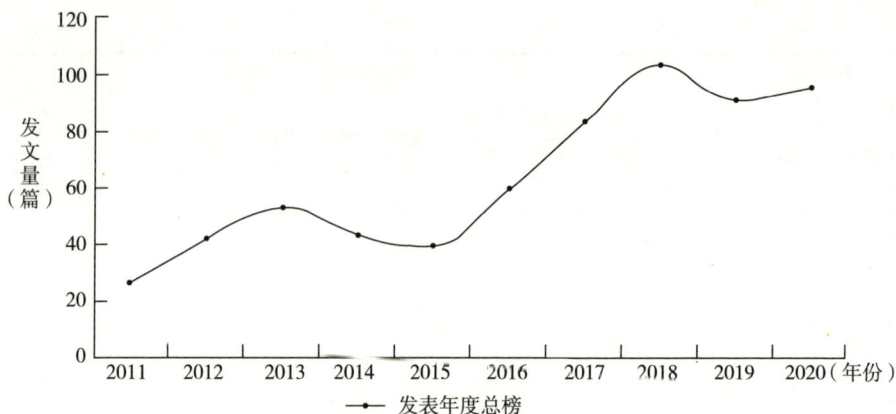

图1 关于"高校思想政治教育创新"研究的学术文献统计

从本书的研究内容"信息化时代高校思想政治教育创新研究"出发，以"高校思想政治教育创新&信息化"为主题，截至2021年11月30日，期刊论文（包括学术期刊、学术辑刊和特色期刊）66篇，硕士学位论文2篇，博士学位论文2篇。此外，目前尚未有以"信息化时代高校思想政治教育创新研究"为题的专著，但是部分专著在文章中对信息化、信息技术与思想政治教育创新的关系做了探讨。为了更好地梳理和把握此项研究的进展和逻辑脉络，现将已公之于世的论文等研究成果综述如下。

1.信息化时代高校思想政治教育创新的必要性

任阿娟和郝介一在《思想政治理论课线上教学的辩证分析》一文中深入分析信息化背景下利用网络平台线上开展高校思想政治理论课教育教学的重要作用，认为"通过发达快捷的网络传媒向学生推送传递全国范围的优质信息资源，包括思想理论资源和现实生活实践资源，无论从学生可接收的信息的数量，还是信息的权威性、思想性、直观性、感染性、说服力等方面的质量，都远远胜过老师个人在课堂内向学生传递的信息量以及解读的个人视角的说服力、影响力和质量"[①]。蒋萍等人在《高校思想政治理

[①] 任阿娟、郝介一：《思想政治理论课线上教学的辩证分析》，《延安大学学报（社会科学版）》2021年第1期，第123-128页。

论课线上实践教学研究》一文中认为，利用新媒体技术推动思想政治理论课线上实践教学的改革创新，是对线下实践教学的补充和延伸，能够全过程全方位了解大学生的思想动态和身心健康，符合高校思想政治教育时代性的发展要求。①陈烽等在《教育信息化背景下高校思想政治教育的创新研究》一文中认为，"随着教育信息化进程的不断推进，高校思想政治教育的主体（教师）、客体（学生）、媒介等都发生了巨大的变化，传统高校思想政治教育的方式和手段等已经无法完全适应当今学生的发展需求"②。姬翔宇在《信息化教学环境下高校思想政治教育的创新途径》一文中认为，"信息技术与高校思想政治教育的结合，一方面可以可促进课程内容与时代发展相对接，提升教学的吸引力；另一方面还可以突破传统的时间与空间局限，创新高校思想政治教育教学形式，以学生为中心构建更为灵活的课堂结构"③。赵浚等在《信息化时代高校思想政治教育供应链的建构》一文中认为，"随着信息技术在高校思想政治教育领域的广泛应用，将促成高校思想政治教育供应链的高速高效运转，使高校思想政治教育文化育人于无形，立德树人于点滴，价值转化于自觉，教育效果于可视"④。吴玉峰在《网络时代思想政治教育创新策略思考》一文中则更加全面地阐述了网络发展给思想政治教育带来的新变化，其中包括"教育教学方式方法更加多样化、教育效率得到提高、教学内容更加丰富、教育与社会生活的融合加深"⑤。以上学者主要从信息技术促进思想政治教育有效性和当前高校思

---

① 蒋萍、李奋生、高继国：《高校思想政治理论课线上实践教学研究》，《重庆科技学院学报（社会科学版）》2021年第5期，第110-114页。

② 陈烽等：《教育信息化背景下高校思想政治教育的创新研究》，《高教学刊》2016年第9期，第16-17+19页。

③ 姬翔宇：《信息化教学环境下高校思想政治教育的创新途径》，《新西部》2019年第30期，第135+150页。

④ 赵浚、张澍军：《信息化时代高校思想政治教育供应链的建构》，《广西社会科学》2018年第7期，第231-235页。

⑤ 吴玉峰：《网络时代思想政治教育创新策略思考》，《中学政治教学参考》2019年第21期，第104页。

想政治教育实效性两个角度对信息化时代高校思想政治教育创新的必要性进行了分析和研究。

2.信息化时代高校思想政治教育创新的要求

吴昊等在《信息技术在思政教育中的应用研究现状、热点与前沿趋势》一文中探讨了信息技术在思想政治教育中未来的应用趋势，强调"在信息技术持续迭代发展的今天，利用智能技术重构思政课程的教学体系既是时代赋予的使命，也是思政教育教学适应社会变化的必然要求"[1]。吴满意等在《从精准到智慧：思想政治教育创新发展的根本态势分析》一文中认为，"伴随着网络信息技术的革新，思想政治教育的发展范式和创新路径受到技术化的规约和选择。数字化、网络化、智能化不仅是新一轮科技革命的突出特征，更为加强和改进思想政治教育开启了重大的时代课题"[2]。姬翔宇在《信息化教学环境下高校思想政治教育的创新途径》一文中认为，"高校思想政治教育的现状及问题，决定了以信息化为方向开展创新势在必行"[3]。黄波在《信息化技术与思想政治教育的融合》一文中认为，"教育不能停留在具体知识点学习上，而应该站在全局性层面，以统筹观点对待知识。信息化技术与思想政治知识教育结合，是对知识结构的重新调整"[4]。李赫男在《融媒体时代高校思想政治教育创新路径探析》一文中认为，"高校思想政治教育创新需要优化传播内容，探索创新路径，为高校思想政治教育改革奠定基础"[5]。田园媛在《新媒体时代高校思想政

① 吴昊、刘晓燕：《信息技术在思政教育中的应用研究现状、热点与前沿趋势》，《林区教学》2021 年第 6 期，第 15-19 页。
② 吴满意、王丽鸽：《从精准到智慧：思想政治教育创新发展的根本态势分析》，《马克思主义与现实》2019 年第 4 期，第 198-204 页。
③ 姬翔宇：《信息化教学环境下高校思想政治教育的创新途径》，《新西部》2019 年第 30 期，第 135+150 页。
④ 黄波：《信息化技术与思想政治教育的融合》，《中学政治教学参考》2018 年第 3 期，第 65-66 页。
⑤ 李赫男：《融媒体时代高校思想政治教育创新路径探析》，《文化创新比较研究》2020 年第 26 期，第 74-76 页。

治教育创新研究》一文中认为，"高校传统思想政治教育方法滞后，教育成效不明显，急需引入新媒体技术创新教育方法，充分发挥先进技术的作用与优势，从多个方面渗透到思想政治理论课教学中，提高教育成效，促进学生身心与素质的综合发展"①。以上学者从不同视角对信息化时代特征进行了描述，并根据时代特征提出了高校思想政治教育创新的时代要求。

3.信息化时代高校思想政治教育创新的内容

丁元等人在《推动高校思政课信息化教学的精准化发展探析》一文中提出，要以"精准思维"为切入点、成长点和落脚点，有效推动高校思想政治教育信息化教学的精准化发展，促进思想政治教育与信息技术的精准对接与深度互嵌，如此才能进一步提升高校思想政治教育信息化教学的针对性、科学性和协同性。②祝子翰在《新媒体视角下网络课堂在高校网络思想政治教育中的运用》一文中，从网络课堂的重要作用入手，认为网络课堂突出了学生的学习主体地位，顺应了学生思维规律，将网络课堂应用于思想政治教育，推动先进教育技术和课程学术性有效整合，可以提高高校思想政治教育实效性。③李坤凤在《教育信息化环境下高校思想政治理论课教学创新》一文中认为，"教育信息化环境下高校思想政治理论课的教学创新，是在新型建构主义理论指导下，采用'主导—主体相结合'教学结构，基于教育信息化环境，构建适合思想政治理论课的课内教学与课外实践模式、学生学业评价方式及网络教学资源库建设特色"④。吴满意等在《新时代思想政治教育的创新发展需要处理好六大关系》一文中认为，"大

---

① 田园嫒：《新媒体时代高校思想政治教育创新研究》，《国际公关》2020年第7期，第109-110页。

② 丁元、黄昭彦、黄泽楷：《推动高校思政课信息化教学的精准化发展探析》，《高教论坛》2021年第8期，第21-24页。

③ 祝子翰：《新媒体视角下网络课堂在高校网络思想政治教育中的运用》，《才智》2021第24期，第23-26页。

④ 李坤凤：《教育信息化环境下高校思想政治理论课教学创新》，《科教导刊》2017年第3期，第57-59页。

数据支撑、集体研判、全域协同的智联预警系统，制造也重塑着思想政治教育本身，实现了精准思政与智慧思政的范式转换，为新时代思想政治教育创新发展提供了新的实践进路"[1]。钱云光等在《大数据时代大学生思想政治教育探析》一文中认为，"大数据技术具备宏观把握群体思想规律、微观定位分析个体的功能，能有效帮助思想政治教育工作者开展定向的针对性强的教育活动"[2]。冯浩在《信息化视域下加强青少年思想政治教育工作的四个维度》一文中指出，"要从理论、实践、创新、价值四个维度去认识和把握信息化视角下的思想政治教育工作"[3]。以上学者从高校思想政治理论课教学结构、范式转换、功能定位和实践维度等方面，对信息化时代高校思想政治教育创新的内容进行了深入研究。

4.信息化时代高校思想政治教育创新面临的挑战

郑洁在《自媒体时代大学生思想政治教育面临的挑战与应对》一文中，对当前思想政治教育面临的问题进行了分析，认为"大部分高校仍然沿用传统的思政教育模式，在思想政治教育工作创新方面也未见进展，使高校思政教育无法与自媒体时代教育发展充分衔接"[4]。高盼在《困境与出路：信息技术与高校思想政治理论课深度融合研究综述》一文中，对信息技术与高校思想政治理论课深度融合的困境做了深入探讨，认为主要集中在三方面，即主流价值观难以宣贯、学生思维批判能力与自主学习能力降低的困境；师资队伍建设不足、教师信息化素养不高、教师权威受到挑战

① 吴满意、王丽鸽：《新时代思想政治教育的创新发展需要处理好六大关系》，《中国高等教育》2020 年第 6 期，第 7-8 页。
② 钱云光、骆睿、张凤寒：《大数据时代大学生思想政治教育探析》，《学校党建与思想教育》2019 年第 22 期，第 66-67+80 页。
③ 冯浩：《信息化视域下加强青少年思想政治教育工作的四个维度》，《广西青年干部学院学报》2019 年第 4 期，第 37-41 页。
④ 郑洁：《自媒体时代大学生思想政治教育面临的挑战与应对》，《江西电力职业技术学院学报》2021 年第 3 期，第 153-154 页，第 157 页。

的困境；教学平台信息化水平较低、统筹协调机制尚未形成以及网络舆情管理机制建设滞后的困境。①李斌等人在《新媒体对思想政治教育的新挑战探究》一文中指出，新媒体时代网络媒体信息化发展为高校思想政治教育提供丰富教学资源的同时，也凸显了高校思想政治教育存在的发展体系滞后、实效性有效性不足和教育形式化等问题。②刘冬丽等在《新媒体时代高校思想政治理论课教学实效性探究》一文中指出，"随着新媒体信息技术的发展，现代教育面临的首要挑战是学生思想呈现出多元化趋势"③。王欣、张媛在《信息化环境下的大学生思想政治教育新路径》一文中同样指出，"思想政治理论课教师并没有从根本上认识到思想政治教育的重要性，忽略了思想政治教育在价值观和意识形态塑造等方面的实际意义；思想政治教育与学生的思想和生活实际情况脱离，学生只是被动地接受教育"④。刘泽政在《基于互联网+时代下高校思想政治教育创新探索》一文中认为，"教育理念落后、教学手段落后、思想教育模式落后等问题是互联网+时代高校思想政治教育创新面临的问题"⑤。马学锋在《"互联网+"时代的高校思想政治教育创新研究》一文中认为，"信息化时代高校思想政治教育创新面临思政教育资源缺乏拓展、思政教学课堂实效性差等问题"⑥。赵丹青在《互联网+时代下高校思想政治教育创新分析》一文中进行了概括分析，指出"信息化时代高校思想政治教育面临教育者主导地位、教育内容、教

---

①　高盼：《困境与出路：信息技术与高校思想政治理论课深度融合研究综述》，《高教学刊》2021 年第 2 期，第 58-62 页。

②　李斌、代小丹：《新媒体对思想政治教育的新挑战探究》，《黑龙江教师发展学院学报》2021 年第 8 期，第 100-102 页。

③　刘冬丽、杨波、罗莉红：《新媒体时代高校思想政治理论课教学实效性探究》，《教育现代化》2019 年第 3 期，第 155-157 页。

④　王欣、张媛：《信息化环境下的大学生思想政治教育新路径》，《西部素质教育》2020 年第 14 期，第 37-38 页。

⑤　刘泽政：《基于互联网＋时代下高校思想政治教育创新探索》，《中外企业文化》2020 年第 9 期，第 169-170 页。

⑥　马学锋：《"互联网＋"时代的高校思想政治教育创新研究》，《现代交际》2020 年第 15 期，第 147-148 页。

育效果三个方面的挑战"①。以上学者从宏观环境和微观形势等方面分析了当前高校思想政治教育创新面临的挑战，为后文的分析研究提供了思路。

5.信息化时代高校思想政治教育创新路径与对策

崔建西在《论人工智能时代思想政治教育的"变"与"不变"》一文中指出，VR（虚拟现实）、AR（增强现实）、MR（混合现实）等智能化技术可以赋予一些在现实场域中难以操作的教育范式新的生命力，让受教育者在虚拟仿真场景中接受价值观引导，从而增强思想政治教育的吸引力和有效性。②刘基等在《基于网络空间的高校思想政治教育治理研究》一文中强调，"高校思想政治教育需要彻底打破传统教学方式，实现教学时间的无缝对接、教学角色的广泛连通、教学内容的深度耦合，构建虚实一体化的新型思想政治理论教育信息化环境"③。卢勇在《基于虚拟仿真技术的高校思政课在线教学实践探索》一文中，探讨了将虚拟仿真技术应用于高校思想政治理论课教学的可行性，认为"虚拟仿真技术能够借助计算机模拟出同历史和现实相一致的虚拟环境，将思政课程中一些不可逆的场景再现，突破传统教学、现有线上教学的困扰，提高思政课教与学的质量，使思政课教学达到事半功倍的效果"④。朱希在《大数据时代高校思想政治教育再探》一文中探讨了大数据对促进高校思想政治教育创新的重要作用，认为"高校要促进思想政治教育的创新发展，就要加快智慧校园建设，利用大数据精准聚焦教育对象，合理制订教育内容，科学开展个性化教育以

---

① 赵丹青：《互联网＋时代下高校思想政治教育创新分析》，《才智》2020年第19期，第97-98页。
② 崔建西：《论人工智能时代思想政治教育的"变"与"不变"》，《思想教育研究》2021年第5期，第23-27页。
③ 刘基、李积伟：《基于网络空间的高校思想政治教育治理研究》，《电化教育研究》2021年第5期，第108-113页。
④ 卢勇：《基于虚拟仿真技术的高校思政课在线教学实践探索》，《中国大学教学》2021年第4期，第79-84页。

及灵活实施多元化教育评价方式"①。陆明在《教育信息化2.0时代高校思想政治教育改革创新发展研究》一文中认为，"信息化时代高校思想政治教育改革发展应从营造教育新环境、更新教育理念、创新教育新模式新方法、拓展教育效果评估新举措、构建教育课程新体系、拓宽教育内容、提升教师素养、形成教育新合力等方面入手"②。刘惠在《新媒体时代思想政治教育创新路径研究》一文中从"转变教育观念、丰富教育内容、创新教育方法"③三方面探讨了思想政治教育的创新。叶磊在《媒介融合背景下大学生思想政治教育路径创新》一文中进一步指出，可以"通过融入媒介融合宣传理念、健全媒介融合机制、整合媒介融合资源、建设媒介融合平台等实现思想政治教育创新"④。李娟等在《网络信息化环境下高校思想政治教育创新路径构建》一文中概括指出，"要克服信息化带来的挑战，提升思想政治教育的有效性；要树立'大数据'"理念，提升信息化能力；打造'体验式'课堂，增强沉浸式感受；注重'启发性'教育，强化互动式教学"⑤。以上学者根据研究方向和研究视角的不同，针对信息化时代高校思想政治教育创新路径问题做了深入研究，为后文的创新研究奠定了基础。

综上所述，从现有的研究成果中我们可以发现，国内关于信息化时代高校思想政治教育创新研究取得了一些成果，不仅对信息化背景下高校思想政治教育所呈现出的新变化和新矛盾进行深入研究，同时也探讨信息化

---

① 朱希：《大数据时代高校思想政治教育再探》，《学校党建与思想教育》2021年第6期，第82-84页。

② 陆明：《教育信息化2.0时代高校思想政治教育改革创新发展研究》，《中国电化教育》2020年第11期，第134-139页。

③ 刘惠：《新媒体时代思想政治教育创新路径研究》，《中学政治教学参考》2020年第10期，第84页。

④ 叶磊：《媒介融合背景下大学生思想政治教育路径创新》，《学校党建与思想教育》2019年第18期，第63-65页。

⑤ 李娟、莫坷：《网络信息化环境下高校思想政治教育创新路径构建》，《教育观察》2020年第9期，第31-33页。

背景下促进高校思想政治教育创新的对策路径，为本书后续研究奠定坚实的基础。在取得丰硕成果的同时，也存在着一些不足，主要表现为：一是对于信息化时代高校思想政治教育创新这一课题的研究仍存在着模糊性认识。如对于信息化、信息化时代、高校思想政治教育创新等概念界定不够清晰；二是对高校思想政治教育创新的研究尚缺乏系统性，从实然到自然的理论深度明显不够，难以满足理论与实践的双重期待；三是缺少多学科交叉研究。现有的研究相关学科理论支持较弱，缺乏必要的理论支持和实质性的理论突破；四是研究方法相对单一。已有研究多为定性研究，缺少数据支撑，不利于对高校思想政治教育创新现状及存在问题的精准把握。总而言之，信息化时代高校思想政治教育创新研究既是一个成熟的研究课题，又是一个新的研究课题，现有研究的诸多不足为本书研究留下了可创新的空间。

（二）国外研究现状

"我们生活在一个巨变的大变革时代，社会变革和科技发展都在呈现指数级的变化，未来的世界具有不确定性、不对称性和复杂性三大特征。"[1]美国未来学家阿尔文·托夫勒提出"三次浪潮"理论，认为信息社会是第三次浪潮的观点，并强调"一个新的信息领域与新的技术领域一起出现了。这将对所有领域中最重要的领域——人类的思想，产生非常深远的影响"[2]。美国麻省理工学院教授尼葛洛庞帝认为："随着电脑日益普及而变得无所不在，它将戏剧性地改变我们的生活品质，不但会改变科学发展的面貌，而且还会影响我们生活的每一个方面。"[3]而对于信息技术与教育

---

[1] [美]伊藤穰一、杰夫·豪：《爆裂》，北京：中信出版社，2017年，第1-7页。

[2] [美]阿尔文·托夫勒：《第三次浪潮》，朱志焱、潘琪等译，北京：新华出版社，1996年，第180页。

[3] [美]尼古拉·尼葛洛庞帝：《数字化生存》，胡泳、范海燕译，海口：海南出版社，1996年，第264页。

教学关系的认识，国外的研究经历了一个渐进的、不断发展的过程。

美国是最先将信息技术应用于教育领域的国家。1959年，美国IBM公司成功研制了世界上第一个计算机辅助教学系统，主要是在教育过程中发挥教学辅助的作用。之后，美国计算机专家罗伯特·泰勒（RobertTaylor）总结了计算机应用于教育的模式，即"Tutor（计算机作为辅导者）、Tutee（计算机作为学习者）和Tool（计算机作为工具），简称3T模式"①。之后，美国的计算机辅助教学系统不断升级，逐步由原本辅助教师向辅助学生和教师转变，并开发了"操练型教学、个别指导型教学和模拟"②等多种辅助模式。与此同时，一些学者也提出，可以将文字处理、电子表格、数据库等软件融入教学中，让学生在学习和使用这些软件的过程中开发智力、促进学习③。至此，计算机技术与教育领域的结合主要是基于技术层面的融合，研究重点也是如何将信息技术应用于教育教学。之后，国外学者开始转向对传统教学的方式方法的研究，旨在通过促进信息技术与教育教学的融合，营造出一种新型的教学环境，如"访问网上'数字图书馆'""在教室里以'虚拟'形式实地考察博物馆和科学展品"等。

1996年，美国教育部发布了第一份国家教育技术规划——《让美国学生为21世纪做好准备：迎接技术素养的挑战》，强调"全国所有的教师都要接受训练，教师帮助学生学会运用计算机和信息高速公路"，"所有的教师和学生都能够在课堂中运用计算机多媒体"④。之后，全美掀起了信息技术发展教育的研究热潮，涌现出大量的研究成果，如《学会用技术解决问题：一个建构主义者的视角》《技术支持的思维建模：用于概念转变的思维工具》《计算机技术与课堂教学的整合》《教学设计和技术的趋势与问题》《教学技术与媒体》等研究成果。国外学者关于信息技术与教育教学

---

① ［美］罗布耶：《教育技术整合于教学》，西安：陕西师范大学出版社，2005年，导言第2页。
② 张俐蓉：《信息技术与学校教育关系的反思与重构》，北京：教育科学出版社，2007年，第16页。
③ ［美］罗布耶：《教育技术整合于教学》，西安：陕西师范大学出版社，2005年，导言第2页。
④ 王素荣：《教育信息化理论与方法》，北京：社会科学文献出版社，2006年，第25页。

的相关研究成果依然可以为我们的研究提供借鉴。具体来说，国外对于信息技术与教育教学的实践研究大致包含以下几方面内容。

1.关于信息技术对高校教育教学的影响研究

从国外学者关于信息技术对教育教学影响的研究来看，大部分学者承认信息技术在教育教学发展中的积极作用，认为信息技术是推动教育信息化的强大动力。在宏观层面，国外学者注重研究信息技术对教育的深层次影响，通过分析未来教育发展方向来提出发展建议。这一点从尼古拉·尼葛洛庞帝的《数字化生存》、迈克尔·海姆《从界面到网络空间：虚拟实在的形而上学》和阿尔文·托夫勒《未来的冲击》等书中可以得到进一步的印证。在微观层面，国外学者注重通过实证研究探析信息技术对学生、教学和教育效果的影响。美国学者保罗·G.哈伍德、维克多·阿萨尔针对信息技术对美国教育机构、学习行为和教学方法的影响进行了实证研究，通过调查1981年到1993年间出生者的教育经历，并以此来解释社会对新科技的采用形式是如何给美国课堂教学带来影响的。[①]克拉夫特从智慧的创造力和"合作的可能性思维"观点出发，描述数字媒体对儿童生活的影响，分析数字媒体时代儿童和青少年生活的变化，探讨了教育未来的发展方向。[②]

2.关于信息技术对学生学习的重要性研究

网络技术为我们建构了一个开放的学习世界，为每个人提供了时时可学、处处可学的环境，全方位地推动教育变革。正如美国学者柯蒂斯所言："它是一场静悄悄的，而其重要性又丝毫不减的革命。"[③]迈克·西蒙生在《技术计划与远程教育》一文中对美国教育信息化进行了简要分析，他

---

① [美]保罗·G.哈伍德、维克多·阿萨尔：《数字第一代与网络时代的教育》，济南：山东人民出版社，2010年，第3页。

② [英]克拉夫特：《创造力和教育的未来——数字时代的学习》，张恒升、申继亮译，上海：华东师范大学出版社，2013年。

③ [美]柯蒂斯·J.邦克：《世界是开放的》，焦建利主译，上海：华东师范大学出版社，2012年。

认为"远程教育已日渐成为教育主流，没有教育技术和远程教育的学校是过时的、失败的"[①]。希尔伯特·瓦尔德斯认为，教育技术、科学和数学教学是共同构成整体的、共生的关系，技术在课堂内尤其是数学与科学教学、项目与课程中的有效使用具有高度的价值。拉迪雪夫斯基从信息技术与学习效果的关系出发，对在线学习和面对面学习两种学习方式进行了研究，他认为在线学习模式效果更好，并指出"当教学思想很大程度上融入在线学习的设计与传递之中并拥有足够的资源支持时，学生就可以实现积极的学习成果"。蒂涅莱与哈基宁二人从信息技术与教师教学的关系出发，认为网络教学更容易发挥教师的核心作用，并有助于提高学生对所学课程的认识。还有学者从信息技术与学生学习的关系出发，认为借助于现代信息技术可以对学习者在学习过程中生成的学习数据或学习的情境信息进行分析和挖掘，有助于识别学习者的特性，基于此，"还可以灵活生成最佳适配的学习任务和活动，从而引导和帮助学习者进行正确决策"[②]。还有的学者认识到大数据技术在教育领域的重要价值，认为大数据可以深入了解学生的行为表现和学习状况，有助于教育者以更微妙的方式进行教育教学。[③]

3.关于信息技术在高校教学中的应用研究

关于国外信息技术在教学中的应用研究，一方面，主要集中于利用信息技术打造虚拟教学环境，通过从学习者体验和收获的角度去营造和加强移动教学设计，推动教育教学的发展。例如，基于自我调节学习理论，以促进学习者的自我调节学习能力为原则，欧洲委员会研究和技术发展第六框架计划资助的"基于认知的智能分布式的开放式学校学习系统"

[①] Michael Simonson,"Technology Plans And Distance Education", Distance Learning, 2005(4)。

[②] Zhou Nan-Zhao, Fumihiko Shinohara & Sharon Sivert, *Regional Guidelines for Teacher Development for Pedagogy-Technology Intergation*, Thailand: UNSCO Asiaand Pacific Reginal for Education, 2004.

[③] West, Darrell M., *Big Data for Education: Data Mining, Data Analytics, and Web Dashboards*, Governance Studies at Brookings, Washington: Brookings Institution, 2012, pp.1-10.

（iClass），可以帮助教师和学习者根据实际情况设置和装载不同的学习内容，具有很强的灵活性。[①]日本德岛大学开发的支持系统（Basic Support for Ubiquitous Learning）平台主要支持师生之间的高效互动，使学习者不仅可以收到老师传送的资料，还可以随时进行答疑互动，显著加强了教学效果。[②]除此之外还有美国的"RtR"软件[③]、瑞典维克金Vaxjo大学的C-Notes应用程序[④]，都是信息技术在教学方面的应用。另一方面，国外众多学者对信息技术在教学中的应用效果进行了实证研究。有学者以学生语言学习为研究对象，研究了信息技术对学生语言学习的影响，发现基于现代信息技术的多媒体系统为学生的语言学习提供了更好的训练机会，借助于技术手段可以显著增强学生的语言学习效果。[⑤]H.布洛克、M.奥维玛特（H.Blok & M Overmaat）以学生初级阅读为研究对象，研究了信息技术对学生初级阅读的影响，发现计算机辅助教学可以有效支持学习者的初级阅读。[⑥]G.V.戴维斯·希弗斯（G.V.Davidson-Shivers）等人以学生的学生成绩和学生态度为研究对象，发现利用信息技术手段开展线上教学整体上是有效的。[⑦]

---

① 兰公瑞、盖笑松：《基于计算机学习环境下的自我调节学习》，《外国教育研究》2011 第 1 期，第 29–33 页。

② Nobuji A. Saito, Hiroaki Ogata, Rosa G. Paredes J., et al., *Supporting Classroom Activities with the BSUL Environment*，*Proceedings of the 2005 IEEE International Workshop on Wireless and Mobile Technologies in Education*（WMTE 2005），Los Angeles:IEE Computer Society Press,2005, pp.243–250.

③ Rogers Y., Price S.,Hrris E.,et al., *Learning Through Digitally-Augmented Physical Experiences: Reflections on the Ambient Wood Project*，Equator Technical Report,2002.

④ 黄荣怀、Jyri Salomaa：《移动学习——理论·现状·趋势》，北京：科学出版社，2008 年，第 227–228 页。

⑤ Romina Picchio, "Instructional Design and Self-directed Learning in the EFL Classroom", *Laido Joumal*, 2001, 3（4）.

⑥ H.Blok, M.Overmaat, "Computer-Assisted Instruction in Support of Beginning Reading Instruction: A Revicw", *Review of Educational Research*, 2002, 72（1），,pp.101–130.

⑦ G.V.Davidson-Shivers, J.E.Adkinson, M.K.Jackson,"Using Technology to Teach Technology:Effects on Student Performance and Opinions", *International Journal of Instructional Media*, 2008,35（4），pp.401–412.

4.关于信息技术在高校课堂应用的实现条件

　　阿兰·柯林斯等认为，我们"要从系统的角度考查社会、教育、学习和技术等的相互作用关系"①。具体来说，一是认为教师在实现信息技术课堂应用实践中具有重要作用。罗莎玛丽·贝尔（Rosemary Bell）和拉米雪斯（Rafael Ramirez）认为，信息技术在课堂教学中的应用具有保障资源获得与使用公平的作用，适当地资助和教师专业发展是信息技术发挥作用的关键环节。乔伦·基里恩（Joellen Killion）认为，教师素质是学生学习的最重要影响因素，因此教师专业发展是运用技术的关键因素。罗布耶认为："教师不仅要将信息技术应用到教学中，还要教学生使用一些软件工具，在学习的过程中实现开发学生智力、促进学生学习的目的。"②二是认为领导者在实现信息技术课堂应用实践中具有重要作用。西尔伯特·瓦尔迪兹（Cilbert Valdez）认为教育管理者和校长们的领导素质、对变革的回应能力等对于信息技术校园实践具有重要影响。有的学校管理者或领导者不熟悉技术领域，则无法有效执行技术领导策略。因此，有效领导是学校运用技术改进学生学习的关键。三是认为应该形成一种教育合力。扬·加哈拉（Jan Gahala）认为，教育者、家长、社区成员、有技术专业优势的商业领导者的相互协作才能建立起有效的信息技术课堂执行计划，并保证技术达到加强现有课程的作用，实现技术支持所有学生有意义的、实用的学习作用。

5.关于信息技术和高校各学科教育教学的融合路径

　　信息技术对教育发展具有重要作用，要大力推动信息技术和学科教育教学的融合。世界各国"对互联网和网络教学的兴趣十分浓厚，多媒体、

---

① [美]阿兰·柯林斯、理查德·哈尔弗森：《技术时代重新思考教育》，上海：华东师范大学出版社，2013年，第120-141页。
② [美]罗布耶：《教育技术整合于教学》，西安：陕西师范大学出版社，2005年，第2页。

远程通信以及其他技术也取得了长足的进步"①。其中，美国加利福尼亚大学的朱蒂斯·桑赫尔兹（Judith Haymore sandholtz）等学者认为，"信息技术在教育教学中应用的过程经历了入门、采纳、适应、熟练应用以及创造等多个阶段"②。沙伦·斯马尔蒂诺等学者"设计了一个整合教学媒体与技术、计划和实施教学的过程指南，即ASSURE模式，ASSURE每个字母分别代表模式中的一个环节，包括：A 分析学习者特征 analyze learner、S阐明学习目标statc objective、S选择媒体勾材料select materials and media、U运用媒体与材料utilize materials and media、R要求学习者的,参与和响应requiere learnerparticipation、E评估与修订evaluate and revise，旨在通过ASSURE模式实现媒体和技术与教育教学活动的整合"③。瑞泽等学者认为，"教学的变革过程和技术的使用是同时进行的，技术在教学的各个阶段发挥的作用越来越大"④。以西之园晴夫为代表的学者提出了基于"协调自律学习"的教学方式和"MACETO"的教学设计模式包括六个单词的首字母：意义Meaning 、活动Actions、内容Content、环境Environment、工具Tools、成果Outcomes，推动了信息技术在远程教育中的应用。⑤可见，信息技术与教育教学的整合是一种发展的必然趋势，在信息技术不断发展的当下，教育教学迎来了发展的机遇期。

西方国家由于网络发展较早且发展迅速，他们在信息技术与教育创新方面已经取得了大量成果，在很多基础研究方面的研究成果较丰富。从这

---

① [美]瑞泽等：《教学设计和技术的趋势与问题》，王位杰等译，上海：华东师范大学出版社，2008年，第19页。

② Sandholtz, J.H., Rinstaff, C., & Dwyer, D.C, *Teaching with Technology: Creating Student-Centered Classrooms*, New York: Teacher College Press,1997, p.111 .

③ [美]斯马尔蒂诺等：《教学技术与媒体》，郭文革译，北京：高等教育出版社，2008年，第62页。

④ [美]瑞泽等：《教学设计和技术的趋势与问题》，王位杰等译，上海：华东师范大学出版社，2008年，第487页。

⑤ [日]西之园晴夫：《学习环境设计与协调自律学习及远程教育》，徐晓东译，《中国电化教育》2006年第5期，第12-14页。

个意义上看，信息化时代高校思想政治教育创新研究应借鉴国外研究的相关成果和有益经验。具体来说，国外学者的研究成果主要集中在以下几方面：一是对未来社会发展趋势做出了研判，不仅从社会形态上进行描述，更阐述了信息技术的发展对教育领域的重要影响；二是研究视野较宽阔，不同学科背景的学者从自身专业入手，综合其他学科知识，使信息化时代的教育研究更加彻底和丰富。但与此同时，我们也要认识到国外研究的不足之处，比如，西方国家在教学内容、教学方法和教学环节等方面与我国高校思想政治教育存在差异。在研究中应当批判借鉴国外有益成果，并结合我国实际情况进行研究。

总之，本书以马克思主义的相关理论为丰厚滋养的理论思想基础，以思想政治教育理论体系为指导，在传承、借鉴已有研究成果的基础上，从信息化视角出发，以高校思想政治教育创新为研究对象，进一步展开系统的探讨与研究。笔者相信，在思想政治教育学界前辈的引领下，伴随着思想政治教育现代化进程的浪潮，高校思想政治教育创新的研究必将与时俱进、不断深化和逐步完善。

三、思路与方法

（一）研究思路

本书综合运用文献研究法、问卷调查法、比较研究法、系统科学法等研究方法，以"信息化时代高校思想政治教育创新"为中心，分别探讨了信息化时代高校思想政治教育的概念特征、面临的境遇、存在的问题及成因、创新的具体路径等问题，以期对信息化时代高校思想政治教育创新的基本内涵、根本特征、具体要求以及信息化时代高校思想政治教育的理念、方法、载体和机制做出深入阐述。本书的整体思路如下。

首先，本书通过剖析信息化时代高校思想政治教育创新的背景，以及信息化时代为其带来的影响与冲击，明确信息化时代背景下高校思想政治教育融合信息技术创新的重要理论与实践意义。进而对信息化时代高校思想政治教育创新研究进行文献梳理的基础上，分析现有研究成果及不足，找出本书研究进一步拓展的空间。通过对信息化时代高校思想政治教育创新的理论基础进行梳理，为信息化时代高校思想政治教育创新提供理论依据和可借鉴的思想资源。

其次，对信息化时代高校思想政治教育创新面临的现实境遇和信息化时代高校思想政治教育呈现的新矛盾进行论述和分析，彰显信息化时代背景下高校思想政治教育创新的时代性、紧迫性。

再次，通过社会调查和深度访谈，了解信息化时代背景下高校思想政治教育创新取得的成果，探寻高校思想政治教育创新过程中存在的问题及其成因。

最后，针对其中存在的问题，有针对性、探索性地提出如何通过优化和改进教育理念、方法、载体和管理机制等来促进信息化背景下高校思想政治教育的创新。

（二）研究方法

思想政治教育方法并非一成不变，而是需要结合时代背景和发展需求灵活地进行调整。基于信息化的高校思想政治教育展开研究和分析，要结合信息化时代高校思想政治教育创新需求，对信息化时代高校思想政治教育情况要掌握和了解，进而采用综合的方法研究体系。本书采取的研究方法如下。

文献研究法：所谓的文献研究法就是对已有的文献资料进行汇总和整理，对其中涉及的重要资料信息进行汇总，通过网站、图书馆、资料室等大量查阅、整理和研究与马克思主义理论、思想政治教育学、信息传播学等有关的文献资料，加深对高校思想政治教育的认知，为更具针对性和可行性的对策建议打下坚实的数据基础。

本研究的主体研究框架如图2所示。

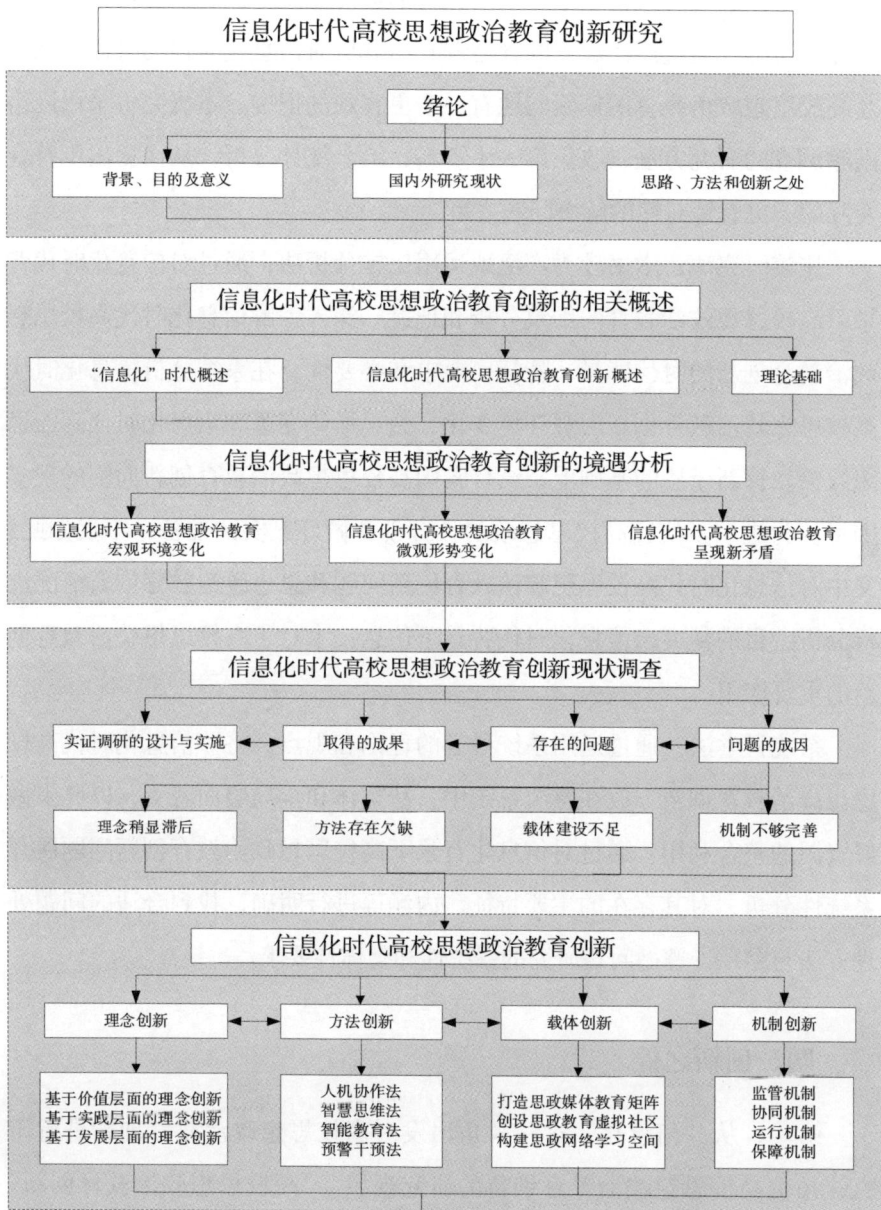

信息化时代高校思想政治教育创新研究

绪论

| 背景、目的及意义 | 国内外研究现状 | 思路、方法和创新之处 |

信息化时代高校思想政治教育创新的相关概述

| "信息化"时代概述 | 信息化时代高校思想政治教育创新 概述 | 理论基础 |

信息化时代高校思想政治教育创新的境遇分析

| 信息化时代高校思想政治教育 宏观环境变化 | 信息化时代高校思想政治教育 微观形势变化 | 信息化时代高校思想政治教育 呈现新矛盾 |

信息化时代高校思想政治教育创新现状调查

| 实证调研的设计与实施 | 取得的成果 | 存在的问题 | 问题的成因 |

| 理念稍显滞后 | 方法存在欠缺 | 载体建设不足 | 机制不够完善 |

信息化时代高校思想政治教育创新

| 理念创新 | 方法创新 | 载体创新 | 机制创新 |

| 基于价值层面的理念创新 基于实践层面的理念创新 基于发展层面的理念创新 | 人机协作法 智慧思维法 智能教育法 预警干预法 | 打造思政媒体教育矩阵 创设思政教育虚拟社区 构建思政网络学习空间 | 监管机制 协同机制 运行机制 保障机制 |

图2　研究框架

问卷调查法：信息技术已经广泛深入到大学生学习、生活的方方面面，对于信息化时代高校思想政治教育创新的研究不能仅仅停留在感性的认知，还必须通过广泛深入的社会调查与分析对信息化时代的整体特征以及高校思想政治教育的创新问题有一个更客观的把握。本研究将采用网络问卷调查的研究方法，收集第一手资料，结合统计分析，从而提出更符合实际的、更有针对性的解决问题之策。

比较研究法：本书较为广泛地运用比较分析法，通过对信息化时代背景下高校思想政治教育的细致分析和把握，深入了解信息化时代高校思想政治教育创新的时代背景、特征、要求和必要性，在系统分析信息化时代高校思想政治教育创新宏观环境变化、微观形势变革和信息化时代高校思想政治教育新矛盾的基础上，结合我国高校思想政治教育创新面临的现实困境，为进一步研究高校思想政治教育创新做好充实的准备；不仅如此，文中对信息化时代高校思想政治教育创新问题和思想政治教育创新情况进行分析，目的是突出信息化时代背景下信息技术对于高校思想政治教育创新的重要作用。

系统科学法：通过运用系统科学的理论和观点，将"信息化时代高校思想政治教育创新"放在整个系统中，从整体和全局层面着手，以此来做好资源的整合利用。通过对信息化背景下高校思想政治教育创新问题展开系统性分析，对其存在的主要特征、内涵等进行明确，找到合适的问题处理方法与路径，遵循问题研究的系统性和整体性要求。

四、创新之处

第一，从"信息化"这一视角出发对高校思想政治教育创新进行研究，拓宽高校思想政治教育创新的研究视域。"高校思想政治教育创新"是当前常议常新且又常论常需的热点话题，学界专家学者从不同的专业背景对这一问题进行了积极深入的研究，并取得了相应成果，这极大地提升了当前我国高校思想政治教育的成效。基于信息化时代背景这一个新的社会发展阶段，其"时代特点"为当前高校思想政治教育的创新提供了无限可能。本书从信息化的应用视角出发，将"信息化"与"高校思想政治教育创新"有效结合，并进行系统深入研究，通过对信息化的属性及价值的深入分析，结合信息化时代高校思想政治教育创新内涵、特征及要求，深入探讨信息化时代对高校思想政治教育带来的影响，尝试性地提出信息化时代高校思想政治教育创新的路径及策略。

第二，从高校思想政治教育信息传播过程构成的视角，提出并构建信息化时代背景下高校思想政治教育创新研究的理论框架。高校思想政治教育是一项复杂的实践活动，而要推进高校思想政治教育的创新发展就要掌握高校思想政治教育创新过程中的影响因素。因此，突破以往重视理论性研究而忽略操作层面实践研究的局限，强调信息化时代高校思想政治教育创新理论研究重要性的同时，更加注重操作层面的实践研究，遵循科学性与可操作性相结合、环节性与整体性相结合、定量与定性相结合的原则，采取动态与静态视角并重的评价标准，从信源、信道、信宿和整体运行四个维度设计了调查问卷的内容，并进一步从取得的成效、存在的问题、问题存在的原因和对策建议四个维度设计了访谈提纲。信息化时代高校思想政治教育创新研究的理论框架，涵盖取得的成效、存在的不足、这些不足存在的原因和对策建议四个维度，从而达到从整体上把握和推进信息化时代高校思想政治教育创新的目的，更科学地明晰高校思想政治教育创新过程的各个环节，为高校思想政治教育创新研究奠定扎实的基础。

第三，从新媒体环境与大学生思想政治教育创新辩证关系的视角，系统构建信息化时代高校思想政治教育创新体系。本书始终以信息化时代高校思想政治教育的发展需求为核心，通过对信息化时代高校思想政治教育信息传播过程构成要素的深入剖析，指出教育者、受教育者、教育载体和方法构成了信息化时代高校思想政治教育结构研究的闭环系统，并以理念、方法、载体和机制等存在的问题为导向，从理念创新、方法创新、载体创新和机制创新四方面系统构建信息化时代高校思想政治教育创新体系，通过系统分析和整体探究多方位、宽领域、多层次地对具体观点进行严密阐述及周详的论证，使得信息化时代高校思想政治教育创新研究更加系统化、更具整体性。

第一章 信息化时代
高校思想政治教育创新的相关概述

随着信息化时代的到来，我国实现了高等教育的跨越式发展，信息技术被越来越多地应用于推进高等教育的变革与创新。新时代，高校思想政治教育也要紧密结合信息化时代发展要求，引入信息化时代技术优势，推动高校思想政治教育高质量发展。为了更好地实现这个目标，我们在开展深层次研究前需要对"信息化时代"的含义、特征及表现等基本内容进行深入分析，深刻认识和把握信息化时代高校思想政治教育创新的内涵、特征和要求。同时，信息化时代高校思想政治教育创新是在思想政治教育接受论、环境论以及马克思主义关于人与环境辩证统一思想的指导下开展的实践活动，是习近平新时代关于推动高校思想政治工作传统优势与信息技术高度融合的目标指向。

一、"信息化"时代概述

信息化时代作为科技发展的新事物，以其自身的独特优势吸引了来自社会各界的关注，从而关于"信息化时代"的研究成为热点。若想获得对"信息化时代"的普遍认识，需要实现对信息化的内涵及属性的正确理解和科学表述，如此才能明确"信息化时代"的内涵及特征。

（一）"信息化"的内涵

"信息化的概念源于20世纪60年代的日本，先是由一位日本学者提出，而后被译成英文传播到西方，西方社会普遍使用'信息社会'和'信息化'的概念是20世纪70年代后期才开始的。关于信息化的表述，在中国学术界和政府内部作过较长时间的研讨。"①

日本在1967年由日本官方研究机构"科学、技术和经济研究小组"正式提出"信息化"概念。日本研究学者梅棹忠夫就在其研究中对信息产业进行了阐述，他指出"在未来发展中，信息化社会将会成为主流趋势"②。1988年，联合国对信息化含义进行了解释说明，指出"信息化实际上就是一种朝着生产变革方向发展的进程，信息化不仅仅是技术水平的提高和发展，同时也是社会演变发展的重要体现"③。

我国在20世纪80年代相继开始了针对信息化相关问题的研究。钟义信认为，"信息化实际上就是现代技术在多个领域中的应用，达到智能改造的目的，可以为人们更好的生存环境营造创造条件"④。

1997年召开的首届全国信息化工作会议，对信息化和国家信息化进行了定义，认为"信息化是指培育、发展以智能化工具为代表的新的生产力并使之造福于社会的历史过程。国家信息化就是在国家统一规划和组织下，在农业、工业、科学技术、国防及社会生活各个方面应用现代信息技术，深入开发广泛利用信息资源，加速实现国家现代化进程"⑤。在我国制定的《2006—2020年国家信息化发展战略》中对信息化的概念做出了更新："信息化是充分利用信息技术，开发利用信息资源，促进信息交流和知识共享，提高经济增长质量，推动经济社会发展转型的历史进程"⑥。为

---

① 杨杰清：《现代图书馆管理实务》，北京：现代出版社，2018 年，第 143 页。

② 白根扎吉：《日本信息化的动向》，《中日北京技术文明与现代化学术讨论会文集》，长沙：湖南科技出版社，1987 年。

③ Robin Mansell, *Uta When : Knowledge Societies:Information Technology for Sustainable Development*, Oxford University Press,1998.

④ 钟义信：《信息化：现代生产力的呼唤——兼评现代通信技术》，《电子展望与决策》1995 年第 2 期，第 14-17 页。

⑤ 杨杰清：《现代图书馆管理实务》，北京：现代出版社，2018 年，第 143 页。

⑥ 《2006—2020 年国家信息化发展战略》，《人民邮电》2006 年 5 月 11 日，第 3 版。

了推动我国信息化的发展，我国还专门制订出一系列指导方案，为信息促进交流提供经验参考，这对我国社会经济转型发展起到很大的促进作用。

上述概念内涵体现了信息化这一概念的两个维度：一方面，强调了信息化的技术特征。信息技术是不同应用技术的总称，强调的是人们对信息技术功能与过程的一般理解；就个体而言，信息技术是指利用计算机技术、通信技术以及传感技术等一系列技术之和。这一定义强调的是信息技术的开发、应用和信息技术的现代化，体现了一种智能性、工具性，是作为生产工具发挥作用的技术基础。另一方面，强调了信息化的社会特征，强调信息技术是推进社会转型的主要动力。信息技术以信息为重要资源，人们通过开展大量的信息经济活动来促进国民经济活动，进而促进社会各个领域快速发展，科研、教育、管理等领域都受到了巨大而深刻的影响。

（二）"信息化"的属性及价值

1. "信息化"的属性

"信息化"作为当代最先进的社会生产力，必然与先进的生产关系和上层建筑有着密切联系。"信息化"的发展归根到底是发展生产力的要求，生产关系变革和上层建筑完善的过程不仅是一个技术性问题，也是一个社会问题。由此可见，信息化概念的复杂内涵是由其独特的技术性和社会性所决定的。

首先，"信息化"的技术属性。"信息化"的技术特性包含两方面内容：一方面是数据化。20世纪30年代，随着克劳德·香农提出的二进制代码系统的出现，几乎所有的人类信息都可以用"1"或"0"来表示。因此，数据化就是将现实世界的各种信息转化为二进制代码所表示的数据信息，以供计算机处理和网络传输的过程。数据化是信息化的基础，作为现代信息技术的首要技术特性，数据化也可以称作"信息DNA"。另一方面是网络化。网络化是指利用通信技术和计算机技术，采用一种标准的计算机网络语言或网络协议将分布在世界各地的计算机及各类电子终端设备互联起来，使所有的计算机得以交流，打破"信息孤岛"现象，使其形成巨大的全球信息网。很多技术专家从技术层面分析，认为信息化就是以计算机和网络技术为核心，不断进行信息采集、传输和利用的能力。例如，阿古尔在《发展和采用新信息技术的迫切问题》一文中指出，"信息化就是在计算机化（广泛的数据库存取和现代通信手段）基础上建立适应政治，经济、社会及生态任务的社会信息基础设施"[①]。

其次"信息化"的社会属性。"信息化"的社会特性包含两方面内容：一方面是智能化。智能化体现在其工具性上，"智能化工具又称信息化的生产工具。它具备信息获取、信息传递、信息处理、信息再生、信息利用的功能，与智能化工具相适应的生产力，称为信息化生产力"[②]。智能化生产工具不同于传统意义上的生产工具，它是一个规模庞大的信息网络系统，改变着人们的生产、生活、交往等的方式，引发了人类社会的深刻变化，具有一定的智能化理性。另一方面是全球化。科学技术就是生产力，关键性的科学技术是推进社会转型的第一动力。以计算机通信技术为核心的新一轮信息技术革命也成了推动全球社会变革的发动机，实现了工业化社会向信息化社会的转型，不仅推动了信息产业和信息服务业的发展壮大，也提高了社会生产效率和社会效益。从这个意义上说，"信息化不是单纯的技术过程，而是以计算机革命为基础的社会—技术过程"[③]。既然信息化不仅是单纯的技术问题，而是一个动态的变化过程。从世界范围来考察，信息化就是"掌握作为重要管理和发展资源的信息的社会活动，其目的是借助信息技术手段，建立信息社会"[④]。

---

① N.M. 阿古尔：《发展和采用新信息技术的迫切问题》，《科技信息·第1类》（苏联）1989年第7期。

② 施荣华、张祖平：《信息学科导论》，北京：中国铁道出版社，2009年，第17页。

③ A.N. 拉基托夫：《计算机革命与社会信息化》，《哲学科学》（苏联）1988年第5期。

④ А.Д. 乌尔索尔：《信息化的系统活动方法》，《科技信息·第2类》（苏联）1989年第10期。

2."信息化"的价值

"伴随着科学技术革命的发展，信息技术的广泛应用而引发的社会信息化已成为历史的大趋势"，同样，"社会信息化必然将引起人的价值观念的变革"①。依据信息化的技术属性和社会属性，信息化对人的实践方式、交往方式和人的全面发展的影响尤为突出。

信息化对人的实践方式变革的推动作用。科学技术是推动社会发展的革命性力量，在当代信息技术的推动下人类已经进入社会信息化。"社会生活在本质上是实践的"，实践方式的变革与科学技术的发展密切相关，信息化对人类实践方式产生了深刻影响。从实践的构成看，实践包括实践主体、实践客体、实践工具和手段、实践的运行与协调四部分内容。对实践主体而言，科学技术作为一种知识体系，一旦被实践主体掌握，意味着主体掌握了相关的科学知识，主体的知识素质得到提升，可以根据实践需要对未来的实践活动进行设计和优化。不仅如此，信息化影响了主体的实践观念、思维方式和价值观念。信息化的发展令人们加深了对事物结构方式、联系形式及属性、本质、规律等的认识，人类指导和支配自身实践活动的意识也开始出现变化。对实践客体而言，信息化进程的加快使实践客体的形态、性质和效用等都发生了变化，而这种变化也引起了人类实践方式的变革。而从实践工具和手段、实践的运行来看，信息化促进了实践工具和手段的变革，推动了新的实践方式的产生。由此可见，信息化开启了新的实践方式，新的实践方式必然推动社会发展。

信息化对人的交往方式变革的推动作用。相较于实践方式，交往方式是人类实践的重要形式之一，它标志着人的存在和发展的哲学范畴。信息化改变了人类的交往方式和体验，掀起了一场交往方式的革命，克服了传统交往方式的诸多弊端，彰显出交往方式的新特征，凸显了信息技术对于

---

① 李荫榕：《社会信息化的哲学之思》，哈尔滨：哈尔滨工业大学出版社，2008年，第123页。

推进交往方式变革的重要意义。首先，打破了传统交往的时空桎梏，实现了瞬时交往。随着信息化的发展，信息传输速度不断加快，信息发送和信息接收之间的时间几乎可以忽略不计，交往方式逐渐从非同步交往向瞬时交往转变，信息的发出和信息的接收甚至可以被视为同一环节。其次，克服物理距离上的局限，实现了无间距交往。借助于信息技术，人们的交往方式不再局限于狭小的生活空间，信息可以跨越城市、国界在世界范围内快速传播，真正意义上突破了物理距离的障碍，实现了交往方式的巨大革命。特别是伴随远程视频、3D空间模拟等技术的应用，促进了实时的画面传送和逼真的三维立体图像的出现，真正实现了无间距交往。最后，脱离了现实交往的阻碍，实现了虚拟交往。信息技术创造了一个完全不同于现实世界的虚拟空间，人们可以在虚拟的世界中完成现实中难以完成的事情。在这样一个虚拟空间中，人们通过数字信号传输、分享各种信息，脱离了某些阻碍交往的自然因素，人机交互、跨时空对话等超越现实世界的交往方式越来越受人们欢迎。

信息化对人的全面发展的促进作用。 信息化对人的全面发展的促进作用更多地体现在"现代信息技术与教育深度融合，改变教育方式，提高教育质量，促进人的全面发展"[①]。信息技术既是促进人的全面发展的新动力，又是人的全面发展的客观要求。从信息技术的发展来看，信息技术的变革推动了生产力的发展和生产关系的变革，促进了传统产业结构优化升级。经济基础决定上层建筑。在信息化时代背景下，人的解放和自由程度提高，不断向着全面发展的方向前进。不仅如此，信息技术不仅改变着外在的客观世界，同样对人自身有着影响和改变。要重视信息技术和教育的融合发展，通过改变传统教育模式，革新教育理念、方法和载体，实现人的个性化学习和终身学习，使人朝着更加全面和自由的方向发展。

---

① 陈雄辉：《教育信息化：人的全面发展何以可能》，《电化教育研究》2012年第6期，第12—15页。

（三）"信息化时代"的内涵及特征

"信息化时代"是人类社会进步发展到以"信息化"为标志的一个新阶段。明晰"信息化时代"内涵及其特征是进行信息化时代高校思想政治教育创新研究的前提条件。

1. "信息化时代"的内涵

"信息化时代是人类发展史上的'潘多拉'魔盒，其发展速度呈几何级递增。在20世纪，人类知识增长速度从20世纪之初几乎每30年翻一番，加速发展到20世纪末，几乎每5年翻一番，信息时代仅仅数年，便超越了前面农业时代和工业时代，形成了一个特定的新时代——信息化时代。"[①] "信息化时代就是信息产生价值的时代。信息化是人类社会进步发展到一定阶段所产生的一个新阶段。"[②] 在信息化这个新阶段里，人类生存的一切领域，在政治、商业，甚至个人生活中，都是以信息的获取、传输、存储、加工、分析、应用为基础。因此，从人类历史的文明发展轨迹来看，人类社会经历了史前文明、农业文明、工业文明之后，从20世纪中叶开始步入一个新的社会形态，美国学者丹尼尔·贝尔称之为"后工业社会"，美国著名社会学家阿尔文·托夫勒称之为"第三次浪潮"，约翰·奈斯比特则称之为"信息社会"。而"21世纪的一切都离不开信息，从这个角度说，将21世纪称为信息时代更为贴切"[③]。在本书的研究中，信息化时代就是指以信息为核心的科技革命的时代。

2. "信息化时代"的特征

信息化具有独特的技术属性和社会属性。技术属性包含"数据化"和"网络化"两方面内容；社会属性包含"智能化"和"全球化"两方面内

---

① 韩冬、傅兵：《信息素养教育论》，北京：北京理工大学出版社，2017年，第42页。
② 耿维明：《国家产业计量测试体系》，北京：中国质检出版社，2017年，第98页。
③ 韩冬、傅兵：《信息素养教育论》，北京：北京理工大学出版社，2017年，第42页。

容。因此，"信息化时代的主要特征可归纳为：数据化、智能化、网络化和全球化"①。

数据化。信息化时代离不开数据化。数据化是指一种把现象转化为可制表分析的量化形式的过程。进入大数据时代，量化一切成为数据化的核心，文字变成了数据，方位变成了数据，图像变成了数据. 活动变成了数据，世间万物变成了数据，最终使整个地球变成了数据。进入信息时代，我们生活在一个计算型的社会，世界可以通过数字和数学而获得解释，信息化时代将会以"数据"量化一切。

智能化。信息化时代离不开智能化。智能化是指在大数据、人工智能、物联网等新兴信息技术的支持下事物可以能动地满足人的各种需求的状态，具有自适应、自优化、自协调等特点。信息化时代，大数据为人工智能发展提供了基础资源，智能化应用已经渗透到社会发展的各个领域，如人脸识别、智能交通、智能电网系统等。可见，智能化已成为信息时代的一大特征。

网络化。信息化时代离不开网络化。"想要实现信息化就是要积极落实社会网络化问题，推动网络经济的发展。"②网络化是信息化时代的重要物质基础，互联网成了全球信息资源中心，对于政治、经济、科学、教育等领域都将产生日益重要的影响。

全球化。信息化时代离不开全球化。以计算机、微电子和通信技术为主的信息技术打破了时间和距离的固有概念，人们可以在任何时间任何地点获得过去难以得到的信息，信息在全世界范围内广泛流动。

---

① 耿维明：《国家产业计量测试体系》，北京：中国质检出版社，2017年，第98页。
② 胡启立：《中国信息化探索与实践》，北京：电子工业出版社，2001年，第312页。

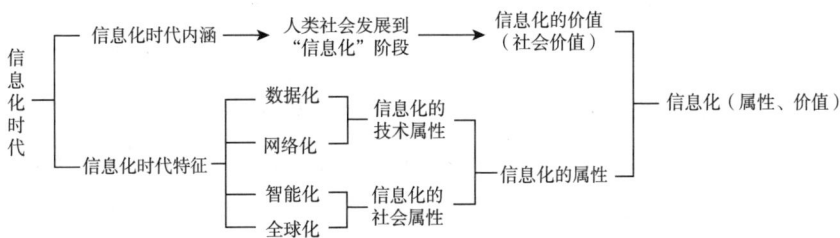

图3　信息化时代表征图

二、信息化时代高校思想政治教育创新概述

信息化时代高校思想政治教育创新是通过运用信息技术和"信息化手段"来解决高等院校思想政治教育实践中存在的不足，积极转变思想，进行创新改革，对思想政治教育内容进行明确，找到相应的解决方案，达到更好的教育效果，实现信息技术和高校思想政治教育创新的进一步融合。在这一创新过程中，信息技术与高校思想政治教育深度融合，呈现出一定的"主体性"特征，对传统高校思想政治教育观念、载体、内容、方式等提出了新的要求。

（一）信息化时代高校思想政治教育创新的内涵

"创新是一个民族的灵魂，是一个国家兴旺发达的不竭源泉。高校思想政治教育的旺盛生命力也在于它的与时俱进的创新性。"[①]关于高校思想政治教育创新的内涵，有的学者从提高对高校思想政治教育的认知、高校思想政治教育与社会和个人相关性的视角来进行界定，认为"无论何种变革，都是致力于推动高校思想政治教育的发展，致力于社会和个人的发展。离开发展谈创新，将会使创新失去其自身价值和内在生命力"[②]。学者

---

① 贾丽：《思想政治教育教学与反思研究》，长春：吉林大学出版社，2017年，第125页。
② 张瑞敏：《大数据背景下高校思想政治教育创新研究》，博士学位论文，上海：华东师范大学，2020年，第35页。

秦永和、朱飞从为学生服务、促进学生发展角度上来分析，指出"高校思想政治教育实际上就是要为学生服务，促进学生的全面发展，做到以人为本，'以人为本'应当是高校思政教育工作改革创新的理念支撑"[①]。因此，想要创新高校思想政治教育，要从经济、社会以及个人等不同角度来进行有效落实，变革高校思想政治教育的理念、方法、载体等各个要素。这种观点将"高校思想政治教育创新的核心内涵等同于发展"[②]。

有的学者以时代需求的立场，将"高校思想政治教育的创新"界定为解决高校思想政治教育面临时代发展诉求的与时俱进的发展过程。学者陶好飞、莫勇指出，"在大数据时代，高校思想政治教育工作的开展方式应在大数据环境中重新构建工作思路和方法，以大数据为高校思想政治教育的新生态和新环境，以大数据和信息技术为思路方法，以思想政治教育为目标，准确把握学生动态，关注整体和个体以及之间的相关性，创新思政工作开展方式，提升大数据与思想政治教育创新发展"[③]。"切实加强网络文化背景下的高校思想政治教育是时代发展的客观趋势，也是高校思想政治教育创新的必然选择。"[④]对于高校思想教育创新的核心内涵，虽然不同的学者从不同的角度加以阐释与界定，且都有其界定的依据和道理，但总的来讲，还需要进一步地探索，进行深化研究。在前辈专家和学者研究的基础上，笔者认为高校思想政治教育创新应当涵盖和考虑到三方面因素：首先，不能脱离教育创新的本质；其次，要体现当代高校思想政治教育立足于信息化这一新时代的特点和要求；最后，还要立足于高校这一特殊"场域"。对高校思想政治教育创新的厘定是在这三者有机统一的基础上进行

① 秦永和、朱飞：《人本理念下高校思想政治教育创新实践》，《学校党建与思想教育》2017年第23期，第70-72页。

② 廖志诚：《思想政治教育创新动力论》，北京：社会科学文献出版社，2012年，第11页。

③ 陶好飞、莫勇：《大数据视域下高校思想政治教育创新路径研究》，《中国电化教育》2019年第8期，第44-49页。

④ 冯刚：《高校思想政治教育创新发展研究》，北京：中国人民大学出版社，2009年，第71页。

了科学阐释。因此，高校思想政治教育创新就是高校思想政治工作者在高校思想政治教育实践过程中扬弃旧的理念、方法、载体等，把新的理念、方法、载体转化为具有新时代特点及要求的理论和实践，能动地进行改革、创造、创新并最终取得更优更高的育人效果的综合过程。其中，创新主体、创新客体以及创新中介是信息化时代高校思想政治教育创新的三大要素。

思想政治教育信息化是"思想政治教育与现代信息技术相结合的产物，是在当今社会信息化条件下，运用传播学原理和思想政治教育宣传教育理论，以信息化的网络为媒介实施的思想政治教育活动，是传统思想政治教育在工作方式和工作领域上的拓展和延伸"[①]。信息化时代背景下的高校思想政治教育创新是将先进的互联网技术和信息化手段作为重要的中介，将其融入新时代高校思想政治教育实践各环节、全过程。而"信息化的本质是将现实世界中的事物转化为数据并存储到网络空间中，即信息化是一个生产数据的过程"[②]。随着信息化的普及、深入和持续性应用，生产的"信息"愈来愈多，逐渐形成大规模的"大数据"。因此，在信息化时代背景下的高校思想政治教育创新这一实践活动中，创新的主体是"高校思想政治教育"，创新的客体是"大数据"，而连接两者的中介则是"运用互联网技术和信息化手段"。归根结底，信息化时代高校思想政治教育创新是高校思想政治教育对信息化资源的科学运用、对网络信息技术的充分挖掘、对信息化理念的充分融入的过程。

（二）信息化时代高校思想政治教育创新的特征

思想政治教育这一概念经历了从"政治工作""思想工作""宣传工作""宣传思想工作"及"政治思想工作"和"思想政治教育工作"等术

---

① 于云荣：《思想政治教育信息化的阻滞与突破》，《中学政治教学参考》2011年第24期，第64—65页。

② 朱扬勇：《大数据资源》，上海：上海科学技术出版社，2018年，第1页。

语的演变，对思想政治教育概念的深入理解，是在与这些相关和相近概念的仔细比较和系统研究中逐渐得以清晰的。张耀灿教授关于"思想政治教育"的定义，即"思想政治教育是指一定的阶级、政党、社会群体遵循人们思想品德形成发展规律，用一定的思想观念、政治观点、道德规范，对其成员施加有目的、有计划、有组织的影响，使他们形成符合一定社会、一定阶级所需要的思想品德的社会实践活动"①更为准确。本书中所涉及的高校思想政治教育"作为一种实践，它是对大学生进行思想政治教育的工作过程；作为一门学科，它是对大学生进行思想政治教育的一门科学。作为一门科学，高校思想政治教育是指以马克思主义为理论依据，对大学生进行政治教育、思想教育和道德品质教育，以培养社会主义接班人和建设者为目的的教育科学"②。高校思想政治教育基本要素包括高校思想政治教育主体、客体、介体和环体。笔者以为，信息化时代背景下的高校思想政治教育客体在创新活动过程中呈现出一定的"主体性"特征。

首先，实现了主体人格的独立。信息化发展时代，网络覆盖率不断提高，给人们生活和生产带来很大影响。传统沟通方式中涉及的"身份"和"地位"等"权威"因素的影响有减弱的趋势，广大受教育者特别是广大青年学生群体具有独立人格，敢于独立思考，敢于发表不同的意见和看法，敢讲真话，有话可说，有话会说，真正做到了"不唯上、不唯书、只唯实"。

其次，促进了主体意识的自觉。随着信息化时代的发展、现代教育观念的转变，借助互联网、微信、微博，"贴吧""抖音""快手"等网络平台，越来越多的受教育者开始拥有平等的"话语权"，他们开始积极通过网络平台参与社会事件、表达个人观点，并逐渐形成"网络舆论"。"网络舆论"的发展对促进社会问题的解决起到了一定的能动作用，众多社会性

---

① 张耀灿、郑永廷等：《现代思想政治教育学》，北京：人民出版社，2001年，第50页。
② 回春茹、单凤儒：《大学生管理学》，北京：中国商业出版社，1993年，第88页。

事件成功解决的背后都有大学生的身影。不仅如此，当代大学生还积极参与到意见征集的活动中，愿意在网上发表建议，主动参与到社会建设中。

再次，促进主体情感的认同。"新媒介提供了高度差异性政治信息与观念的方式，在理论上可以让所有意见无限制地接受，而且领导者和追随者之间有许多的反馈和协商。"①特别是基于信息技术的各种网络平台，不仅丰富了信息传播的内容和形式，还可以让使用者根据自身需求而进行信息筛选，进一步增强了使用者对信息的接受程度。不仅如此，网络平台信息在线互动频率较高，更加符合当代大学生行为习惯，有助于传递我党的政策、路线、方针等信息，增进大学生的心理和情感认同。

最后，不断增强主体能力的提升。在我国信息技术水平不断提高的背景下，社会对高校思想政治教育主体的关注度越来越高，并且提出了更加严格的要求，需要充分利用信息意识、信息知识、信息技能来增强主体能力。在信息社会快速发展的背景下，高校思想政治工作者在信息和数字化领域成了"学生"，其必须要虚心地、积极地学习这些信息技术，建立先进的教学理念，寻求更符合年轻人习惯与需求的教育模式，只有这样才能够充分发挥出思想政治教育活动对受教育者思想与实践的积极引领作用。

（三）信息化时代高校思想政治教育创新的要求

在信息化时代背景下寻求高校思想政治教育创新，从不同的方面来实现高校思想政治教育与信息化的融合发展，积极进行创新改革，确保沟通交流双方的地位平等，探索效率更高的教育互动模式，这是信息化时代高校思想政治教育完善、深化、发展的必然阶段。

---

① [荷兰] 丹尼斯·麦奎尔：《大众传播理论》，崔保国、李琨译，北京：清华大学出版社，2010年，第123页。

1.教育观念平等性

信息化时代，由于互联网准入标准相对较低，大众能够更加自由地、多方位地表达自己的诉求，更加快速地传播信息，发表自身观点。大众迅速成为网络信息传播的重要主体，不同主体或多或少都参与了网络信息的传播和创造。网络环境有其自身的特殊性，带有明显的虚拟特征。独立个体在信息传播中起到重要的"链接"作用，不同的个体能够自由地发表言论。网络资源获取渠道逐渐由传统的不平衡转向平衡。在这种网络信息获取渠道平衡和网络资源占有对等的情况下，大学生更渴求与高校思想政治工作者展开平等的对话和沟通。因此，信息化时代高校思想政治教育的创新必须要重视信息化环境的营造，树立新的育人观念，实现师生平等的关系，开展平等的对话、交流、沟通和探讨，以期达到较好的教育效果。

2.教育方式互动性

互联网有其特殊性，不受传统沟通交流模式中时间和地点的限制，可以借助网络选择不同的信息传播模式。虚拟环境中，个体可以自由发表言论，对网络动态进行自主选择，能够主动参与到和他人的互动性交流之中。信息化时代，网络信息的交互性传播方式逐渐取代并覆盖传统的由上至下的等级式信息传播方式，信息传播速度和覆盖面都得到明显提高，网络信息传播的互动性功能也得到彰显，更加契合信息技术发展趋势，为教师和学生间展开互动交流、实时传递信息创造了良好条件。

3.教育内容生活化

网络信息发布后是否有关注"热度"，主要由公众决定相较传统媒体其更具灵动性。对大众而言，他们往往会依照自身的心理需求和主观意愿来选择自己感兴趣的内容。师生间若要实现真正平等且有效的沟通需要对高校思想政治教育内容时时更新。对高校思想政治工作者而言，需要大量搜集和大学生日常生活密切相关的素材，选择大学生比较熟悉的内容，增加高校思想政治教育的"生活性",从而提升信息化时代高校思想政治教育的亲和力。

4.教育载体时代性

随着时代的发展,高校思想政治教育创新正悄然发生着变化,推动信息化和高校思想政治教育创新融合是高校思想政治教育创新不可忽视的关键部分。信息化时代,大学生使用网络非常便捷,可以借助各种应用程序在网络平台发表自己的观点,获取网络信息。高校思想政治工作者要高度重视大学生的特点,将自身工作与时代发展密切结合起来,增强教育载体的时代性,激发学生的兴趣。

三、信息化时代高校思想政治教育创新的理论基础

信息化时代高校思想政治教育创新,是在思想政治教育接受论、环境论以及马克思主义关于人与环境辩证统一思想和习近平总书记关于网络强国战略思想指导下开展的实践活动,是新时代关于推动高校思想政治工作传统优势与信息技术高度融合的目标指向。

(一)思想政治教育接受论

思想政治教育活动是一个双向互动过程,必须在教育活动的主体与客体的交互作用下,教育效果才能得以实现。如果从教育活动的施教者的角度进行分析,教育者无疑是教育活动的主体,那么相对的受教育者就成了这一过程的客体。而思想政治教育接受论之中,受教育者则是接受教育的主体,其依据自身的需求来搜集教育活动之中包含的信息,并对这些信息进行整理与内化,再通过外在的行为进行呈现。在此过程中,受教育者的主体特征逐渐凸显,也就是受教育主体有其自身的主体性。这一理论对本书的研究具有非常重要的指导和借鉴意义。

1.思想政治教育的"接受主体"

在开展教育活动的过程中，受教育者是接受教育活动的主体。学界依据受教育的身份对接受主体进行分类，将其分为个体、群体以及社会人员三种不同的类型，个体是基础单元，在群体中是重要的构成要素，尽管个体在群体之中会展现出不同的行为，不过群体决策的结果仍然是由每一个个体的相似行为构成的。同时，个体在接受教育活动的过程中所展现出的本质特征就是主观能动性。一些研究学者认为，"任何理性教育，形象的感染，都是外部的客体，都只有通过主体的心理过程才能达到这样或那样的作用，如果没有主体内心的心理过程发生，任何教育都等于零"①。通过这一论述能够得知，教育活动与接受主体之间的关系并不是单向的，教育活动虽然能刺激接受主体的学习状态，但接受主体也需要依据自身的需求、感受、认识等来应对刺激，其后才可间接地导致其行为。在实践中不难见到这样的情形，相同的客观条件、相同的教学内容，但是不同受教育者的接受行为却具有一定的差异性。之所以会出现这种情况，其原因就在于接受主体对刺激的应对方式不同，这也是我们要关注接受主体的原因。马克思曾指出，"符合现实生活的考查方法则从现实的、有生命的个人本身"②出发，即从"现实的人"出发来说明社会现象；而"现实中的个人，也就是说，这些个人是从事活动的，进行物质生产的，因而是在一定的物质的、不受他们任意支配的界限、前提和条件下活着的"③。这一研究结果可以十分明确地总结出人的主体性在思想政治教育接受活动之中的作用与结果。

同时，在个体与客观的世界产生联系的过程中，会自主地依据自身的动机及能力对客观世界进行反映并且做出行动，这是个体发挥主体性的过

---

① 王礼湛：《思想政治教育学》，杭州：浙江大学出版社，1995年，第264页。
② 《马克思恩格斯选集》（第1卷），北京：人民出版社，2012年，第152-153页。
③ 《马克思恩格斯文集》（第1卷），北京：人民出版社，2009年，第524页。

程。正是因为人具有主体性，因此其能够自主地接受、选择外部信息，并将接收到的信息进行自主创造，从而改变客观世界。接受思想政治教育的过程中，个体也将充分发挥自己的主体性，根据主观能动性的高低来选择与之相匹配的教育活动。一些学者认为，对思想政治教育而言，个体将会从五个层面展现出主体性，分别为：对教育信息与外部环境进行认识的主体性；对教育信息进行分析与选取的主体性；对教育信息进行整理与内化的主体性；将教育信息融入认知的主体性；通过认知来促进行为的主体性。这种研究结果具有一定线性的特征，即依据时间的逻辑来对主体性进行分析。这一研究结果可以十分明确地总结出主体性在思想政治教育接受活动中的作用与结果。所以，现实中的人成为受教育者的一个重要前提就是能够和现实密切关联，能够实现个体主体性特征的更好呈现，只有确保个体主体性得以实现，才能够达到更好的思想政治教育效果。

　　2.接受主体的需求与"需要"

　　现实中的人需要依存于外部的客观环境才能够存在，个体通过外部世界获得的信息及与外部世界的关系将影响个体的认知，此时个体就会产生需求。个体最为基础性的需求就是自然需求，也就是实现生命存续、种族繁衍的需求。这种需求的具象体现为个体对水源、食物、配偶等方面所产生的欲望。这一层面的需求是立足于个体的生理机制而产生的，并且可以通过物质世界来实现这些需求。在此基础上，个体会产生交往需求，即渴望与社会建立联系，寻求归属感、认同感以及价值感等等。马克思认为"在现实世界中，个人有许多需要"，而且需要是人与生俱来的"内在规定性"[①]。基于此，学界认为"'需要'是人的本质特征"[②]。可以说，也正是因人的需要而生成了人的主体地位。"人在客体面前能成为主体最先靠的不

----

① 《马克思恩格斯全集》（第42卷），北京：人民出版社，1979年，第129页。
② 王伟光：《利益论》，北京：中国社会科学出版社，2010年，第42页。

是理性，不是认知，而是向客体索求的需要。人在客观世界面前产生了变革某种客体的需要，在这种需要的推动下，才会努力去认识它，作用于它，力图成为它的支配者，即主体。"①由此可见人会产生主体性，其根本原因之一是人有需求。人之所以能成为主体，并非基于人的理性，也不是人认识世界的能力，而在于人通过客观世界来实现自身需求的欲望。正是因为人渴望通过物质来达成需求，其才会产生认识世界、改变世界乃至支配世界的动机，此时人的主体性就得以彰显。

明确需求是主体性的基础之后，需要进一步对需求进行分类，其可以分为两种类型。第一种是对外部的需求，指的是对物质世界客观实在的需求；第二种是内部的需求，指的是实现生命存续、创造人生价值的需求。由此可见，正是在需求的驱动作用下，个体才会将自身的主体与外在的客体进行连接。如果没有需求，也就不会产生推动行为的动机，此时人也不会做出具有针对性的实践。而在思想政治教育接受活动中也是如此，人之所以会接受教育内容，其根本原因在于这些信息能满足个体需求。而这种需求可以是自发的，也可以是在外在环境的刺激作用之下生成的。我们可以将个体在做出接受行为的过程中所持有的需求划分为两个层面：第一层面是直接需求，即对理论知识、对情感归属的需求；第二层面是间接需求，即将教育信息融入自己的认知，并将其体现为行动，进而促进全面发展的需求。不管个体所产生的需求是直接的还是间接的，只要思想政治教育内容能对其具有价值性，那么个体就会产生接受教育的动机，此时接受行为也会自然而然地发生。

3.接受主体的"理性"与"非理性"

"'理性'是人的一种特性。"②理性是个体发起行为的一种形式或方

---

① 贺善侃：《实践主体论》，上海：学林出版社，2001年，第47页。
② 陈志尚：《人学原理》，北京：北京出版社，2005年，第267页。

式，即个体以实现目标为目的，在客观条件下决定自己的行为模式。同时，理性也是个体对客观世界进行认知与整理的能力。通过这种能力，个体可以对信息的真伪进行分辨，识别信息的层次性，发现现象的内核，并通过感官所获取的信息把握事物本质特征以及发展规律。在这种能力的作用下，个体将会基于自身的需求做出相应的实践活动，"整个过程都必须通过精神活动尤其是理性活动的机制起作用"[①]。拥有理性的个体可以精准地认识世界，把握世界的规律，顺应并且利用这种规律，进而促使自身的需求得以实现。同时，需要注意的是，在这一论述之中所提及的个体是抽象的，即其可以拥有绝对层面的理性。但是在现实世界中，人的理性是"打折扣"的，这就意味着人不可能拥有绝对的理性，人的认知活动之中还会杂糅许多非理性的因素。如人的情绪、意志、欲望等都属于非理性的范畴，这些因素也会对人的认知施加影响并且影响个体的行为决策。马克思认为人"是一个有激情的存在。激情、热情是人强烈追求自己的对象的本质力量"[②]。如果人的这种激情的方向与理性的方向具有同一性、一致性，那么个体将受到激情的驱动，利用自身的理性能力去发现世界；反之，如果二者的方向存在一定的偏差，甚至出现完全相反的情形，此时这些非理性因素就会对人的理性能力造成干扰。在思想政治教育活动中，接受主体作为现实的人，如果其激情与理性相违背，认知能力就会受到制约，甚至会阻碍其做出接受活动。

一方面，思想政治教育的内容以马克思主义理论为主，其具有科学性与真实性。抽象的层面来说，理性的个体可以发现教育活动的价值，并且认识到这种活动有助于促进自身需求的实现，此时就会产生接受行为的动机；但是，在现实层面，主体除了理性外还会受非理性因素的影响，且人的理性也并不是绝对的、完全的。由于这种有限性以及非理性的存在，人

---

① 王礼湛：《思想政治教育学》，杭州：浙江大学出版社，1995年，第264页。
② 《马克思恩格斯文集》（第1卷），北京：人民出版社，2009年，第211页。

的接受行为就产生了一定的不确定性，此时教育活动的施行者就需要依据严谨的逻辑、合理的教学方法来激发接受主体的理性；另一方面，也要刺激与理性相同方向的非理性因素的产生，包括个体对教育活动的兴趣，等等。"在思想政治教育中，这些非理性因素是不可或缺的，在承认思想政治认知处于思想政治教育基础性地位的前提下，忽视任何一个环节非理性因素的存在都会直接影响思想政治教育的效果。如果缺少了欲望的激发、情感的培养、意志的铸造和信念的构建，思想政治教育活动就无法发动，思想政治教育选择就会落空，最后必然导致选择活动失去价值。"[①]如果教育者忽略了上述因素，那么教育活动无法达到预期效果。所以，教育者应当融合情感体验、实践体验等多种模式，激发接受主体的非理性因素，让这些因素以一种积极的方式加入个体的认知与接受活动中。

4.接受主体的能力限制及其个体差异

从心理学的角度说，只有在多种主观因素的共同作用下才能促使行为的完全实现。这种主观因素包括人的需求、认知、经验、人格特质，等等。不过这些因素并不会对行动的效率施加影响，也不会对完成行为的实现产生决定性的作用。而真正的决定性因素在于个体的能力，其也是行动效率的根本来源。虽然能力并不是个体成功实现行动的唯一影响因素，但是却在所有的因素之中占据着基础性的位置。在客观条件、主观因素相等的前提下，拥有更强能力的主体往往能更高效率地实践，并达成目标。

其中，知识与技能是个体能力的关键影响因素，这些因素将会直接影响个体对客观事物的认识理解能力及实践能力。人在接受信息的过程中，其需要依据自己的理解能力与认知经验对信息进行分析与判断，并以此为基础将信息内化到自己的认知体系中。"人本身所具有的知识素质和能力

---

① 沈大光：《非理性因素与思想政治教育》，博士学位论文，济南：山东师范大学，2009年，第47页。

素质让其有足够的'前见'或'前理解'来理解、整合和内化所需要接受的东西。"①如果个体缺乏这种能力，那么即便拥有充分的主观因素，也无法对客观事物做出正确的、真实的判断。同时，不同个体在能力上存在一定的差异，而随着个体自身在生理与心理层面的演变，其能力也将呈现出一定的动态变化。

正是因为接受主体会受其能力的影响，所以在开展思想政治教育的过程中必须帮助个体认识到教育活动之于其发展的价值性。如果个体由于能力的缺陷而无法认识这种价值，那么其就无法做出接受行为。因此，明确教育活动的价值之于教育效果而言是十分关键的。另外，接受主体也应当加强自身的能力，拥有对理论知识的认识与理解能力，让自身更加全面、准确地把握马克思主义的思想。同时，由于接受主体间的能力存在差异性，故教育者必须要根据不同接受主体所处的能力阶段，为其制订具有针对性的教育方案。如处于少年时期与中年时期的个体在能力上与需求上都有所不同，教育者就必须针对受教育者的特征实施教育，只有这样才能充分发挥出教育活动的预期效果。

5.思想政治教育接受论的启示

主体是以实现自身的需求为目的，因此所有主体都具有"为我性"的特征。在接受思想政治教育的过程中，个体必须认识到思想政治教育活动有助于促进其需求的实现，只有这样其才会产生做出接受行为的动机。为了更好地接受教育：

首先，接受主体应认识到思想政治教育是一项有助于促进个体需求实现的活动。马克思主义指出，人必须对客观世界发起实践，并在认识与改造自然的过程中实现超越。人的这种超越体现在对客观环境以及对主观自我的超越。为达到这一目的，学生应接受思想政治教育。这种教育内容以

---

① 杨建义：《大学生思想政治教育路径研究》，北京：社会科学文献出版社，2009年，第148页。

马克思主义理论为主体，其在认识论与方法论方面都具有科学性，可以对接受主体的认识与实践活动起到正确的指导作用。此时个体可以完善自身的认知架构，树立科学的世界观，掌握正确的方法论，建立正确的价值取向，更好地实现全面发展。提升与思想政治环境的匹配度，让人更加自由、自主地加入社会生活中。特别是在当前信息化环境中，如果个体无法与信息化社会的要求相匹配，那么其就会失去在信息化教育中参与竞争、获得生活所需物质、实现人生价值的能力。因此，信息化时代高校思想政治教育对于受教育者的发展而言具有促进作用，而个体通过参与教育活动能够提升自身的认知能力与综合素养。

其次，受教育者应认识到，在接受思想政治教育的过程中，其能建立起更加完善的人格。通过科学的教育内容，个体可以更加客观、全面、深入地把握客观事物的本质以及发展规律，并且以此为基础，结合自身的需求开展实践活动。此时在科学世界观与方法论的指导作用下，个体所做出的实践将更有助于其需求的达成。另外，不同个体的诉求在网络虚拟社会中可能会存在一定的冲突，一些情况下个体利益可能会呈现出与集体利益相违背的情况，如网络宣泄、发表不当言论等。现实社会中，许多个体都会因自己的部分需求无法得到满足而心理失衡，其内心也不再拥有满足感，容易产生焦虑等消极情绪，此时个体的心理就会陷入痛苦。在主观因素与外部条件的共同作用下，一些个体甚至会将自己的不满情绪诉诸网络虚拟世界，并且试图通过损害社会的方式来实现自己的诉求；或对阻碍自己实现需求的世界施加报复，此时个体所做出的行为就会严重影响社会稳定。所以个体必须拥有自我调节能力，恰当地实现自我的需求，建立完善的人格。这也是信息化时代高校思想政治教育的重要意义之一。

最后，接受主体应明确认识到接受思想政治教育有助于其达成现实的需要。这种教育活动所传授的知识并不是形而上学的、脱离实践的知识，在开展思想政治教育的过程中，既要关注人，也要关注环境。人具有个体性与社会性，在受教育的过程中，人必须将自身的主观能动性充分地激发出来。教育活动的开展者与接受者都具有主体性，只有双方都发挥这种能动性才能促使教育活动达成其预期的效果。不过由于教育活动的特征与过程的影响，教育者必须在这一活动之中占据着主导的位置。而接受者则需要依据自身的主观能动性，在教育者的引导之下进行认知与理解。基于此，信息化时代背景下进行思想政治教育时应正确地认识人和教育环境的关系，并且以此为基础采用信息化方法、信息化手段充分调动受教育者的主观能动性，让人的主体性在接受活动之中得到充分发挥。另外，也应当通过一系列信息化方法和措施避免环境对人的接受活动造成消极影响，为受教育者营造出良好的氛围。

（二）思想政治教育环境论

"我们可以把思想政治教育这一活动本身看作一种为影响人的思想品德形成和发展而营造的自觉的环境，而思想政治教育环境作为思想政治教育系统的外在条件影响思想政治教育活动本身。"[①]在思想政治教育环境之中，受教育者将会受到外部环境的影响，同时也能够改变外部环境。人与思想政治教育环境之间形成了相互联系、相互作用的不同层面的规律关系。

1.环境与人的社会化

"社会对个人的思想政治教育总是以人的社会化程度为前提的，而社会化过程的顺利进行和完成，有利于一定的思想政治品德的培养。"[②]"社会化是个体在与社会的互动过程中，逐渐养成独特的个性和人格，从生物人转变成社会人，并通过社会文化的内化和角色知识的学习，逐渐适应社会

---

① 王小凤：《"思想政治教育环境能否成为思想政治教育系统的要素"研究述评》，《学校党建与思想教育》2010年第26期，第22-25页。
② 姜正国：《思想政治教育环境论》，长沙：湖南师范大学出版社，2004年，第119页。

生活的过程。"①个人社会化的表现就是一个人能在社会中学习到一定的知识与文化，从个体逐渐与社会相融的过程。简而言之，人向社会化转变的过程，其实就是学习各项知识、技能与能力的过程，使自己能在社会得以生存，对社会有着更加正确的认知与了解，从而成为社会的一员。每个人在与社会相融的过程中所花费的时间都不一样，每个人都会根据自身实际情况选择融入社会的不同途径。在这个过程中，任何人都没办法脱离与之相应的思想政治教育。也正因如此，人们应该意识到思想政治教育与社会化进程是相辅相成、同时存在的。所以，应全方位调动人的主观能动性，并以此为基础优化现有的思想政治教育环境、提升思想政治教育工作的效果。与此同时，还要重视其所处的环境，通过环境的改善，让个人社会化更加明显，为思想政治教育打下良好的基础。

在进行思想政治教育的过程中，也应该提升个人的社会化水平。一个人的社会化程度越高，个人对社会的了解程度以及接纳程度就会有所提升，常常体现为个性更加完善、社会定位更加明晰、认知能力更加健全。以此为基础，个体将更加自主地接受思想政治教育内容，同时也拥有更好理解这些知识的能力。一旦一个人的社会化程度较低，那么这个人与社会之间的相互协调能力就会降低，个人的自我意识就会变强，甚至会时常出现没有办法接受思想政治教育活动的状况。与此同时，思想政治教育环境将对个人的社会化程度产生极为明显的影响。就个人而言，"每个人必须经过社会化才能使外在于自己的社会行为规范、准则内化为自己的行为标准"②，个人也才能真正融入社会活动中。也只有接受文化教育，才能够提升自己在社会中的语言能力、思维能力以及个体生活能力。这是一种经验的积累，也是文化的传承。人类正是凭借这种经验与文化的不断累积才踏

---

① 郑杭生：《社会学概率新修》，北京：中国人民大学出版社，2003 年，第 83 页。
② 杨云：《浙江名人家风研究——传承、创新与弘扬》，杭州：浙江工商大学出版社，2019 年，第 3 页。

入更高的阶段。也正因如此，思想政治教育活动可以帮助个体提升社会化水平。如果想提升一个人社会化水平，就必须增强思想政治教育的整体实效性。此过程中，对思想政治教育整体环境的优化，就能够对社会中的每一个行为主体产生极为深远的影响，这也是全面提升思想政治教育效果的渠道，是可以辅助个体加快社会化进程的核心手段。

2.环境与人的主观能动性

一方面，对于个人发展而言，外部环境的存在至关重要。但也应意识到在特定的环境中人也可以发挥自己的主观能动性，对环境进行改造。这种主动改造的行为将直接影响外部环境。也正因如此，思想政治教育和人的主体性之间存在紧密的关联性。一方面，主体性可以对现有的政治环境及教育环境产生直接影响，如果从客观的角度进行分析，思想政治教育的存在往往能展现其对于每一个行为主体的思想品德的制约性和塑造性，让其能够顺应时代要求以及政治教育要求。与此同时，个人的思维特性、情感特性以及意志特性将会直接与现有的思维环境和政治教育环境产生明显矛盾。当环境对人产生影响时，环境具有极其明显的主动地位，而人在这个过程中由于身处大环境之中，所以必然会处于被动地位。而当人凭借自身的主观能动性影响环境时，个人就占据了主动地位，与之相应的社会环境就会沦为被动地位。基于此，要让社会中的每一个行为主体全方位地调动自己的主观能动性，选择能与自身相适应的思想与政治环境，进而形成完善的政治品格。

另一方面，社会主体的主观能动性对环境具有制约作用。由于"人们的思想、观念和对社会的态度无不是在现实的具体的社会关系中形成和发展起来的，微观教育环境不同，对教育对象产生的影响就不同"[①]。思想政治教育环境往往会从行为、感受、思维转化和认知等方面对人产生影响。

---

① 张耀灿、陈万柏：《思想政治教育学原理》，北京：高等教育出版社，2001年，第217页。

而人的主观能动性在潜意识中会保持自己的原有认知，进而与环境传达的信息产生冲突。这个过程中，人们常常使用"悟性"来评价一个人的环境接受能力。每一个人对于环境的接受程度、感知程度以及学习程度并不相同，这种外界环境接受速度与其自身的悟性有着十分紧密的关联。也正因如此，人的主观能动性与社会环境之间的对立性不容忽视。通常情况下，每一个人的主观能动性都会随着自己的身心发展而产生一定的变化，人们常常不断地反思自我感受，并在这个过程中感知环境、感知自我。对于众多善于反思、善于感受的行为主体而言，其对于思想政治教育环境的感知更强。与之相反，如果一个人的主观能动性较差，那么其对环境的感知能力就会随之降低，也就越有可能在生活以及学习的过程中沦为被动状态。除此之外，我们还要认识到人与环境的内在统一性，即人们在不断调整自己的主观能动性的同时，也在不断地改造和优化环境，使得环境更加符合人的发展需求。这种相互影响、相互促进的过程，体现了人与环境的高度统一。因此，如果想保证思想政治教育环境能发挥其作用，就应将其与每一个行为主体的主观能动性进行协调，保证二者的平衡。既要提高自我认知能力，更加准确地把握自身的主观能动性，从而更好地与环境互动，又要以人为本，关注人的全面发展，将思想政治教育与环境建设相结合，使之更加符合人的成长规律，为个体提供更多的发展机会。

3.环境的主导性和辅助性因素

马克思主义认为，任何事物都必然存在相互矛盾的两方面，任何一个事物自身都存在矛盾的两个方面，可以将各个矛盾划分为主要矛盾以及次要矛盾两大方面，它们之间相互作用且相互联系。因此，在打造思想政治教育环境的过程中，可以对各个影响因素进行分类，将其分为辅助性因素和主导性因素两大组成部分。其中，矛盾的主要方面就是具有主导性的影响因素，这种因素将直接影响思想政治教育环境的整体情况。而与之相对应的便是矛盾的次要方面，包括各种辅助性要素。所有能贴合思想政治教育目标的、能够在教育过程中发挥引导作用的都可以被划分到主导性要素阵营之中。与之相对应的便是辅助性要素，这些影响因素在思想政治教育的过程中只起到辅助作用，虽然没有办法改变整体状况，但二者共同创造了现有的思想政治教育环境，并且一旦辅助性因素没有展现自身作用，那么整体环境的教化能力就会大幅度减弱；同时，如果主导性要素没发挥自己的引导作用，那么辅助性要素就会在展现自己对思想政治教育影响力的过程中迷失方向，以上两种情况均无法充分发挥教育环境的作用。因此，只有明确主导要素的方向性以及辅助要素的补充性，才可以促使思想政治教育环境充分发挥出其预期的功能和效用。

概括来说，所有的主导要素都能在教育环境发挥作用时，体现出自己的决定性作用。如果从整体作用的角度对其进行分析，就会发现对所有的主导性要素而言，其所有行为的前提都是实现思想政治教育的实效性，明确的教育目标是所有主导性要素发挥作用的基础条件。与此同时，对主导性要素而言，明确作用对象至关重要，但是这些主导性要素只能对已经确定的对象产生作用，对于没有确定的对象很有可能会毫无影响。如果从主导性要素的具体作用来分析，会发现在思想政治教育环境之中，其能够展现出自己的引导作用，并且会在实现育人目标、统筹协调发挥作用，从而保证该教育目标能够真正实现。也正因如此，主导性要素在教育环境中扮演着决定性因素。教育环境在发挥作用的过程中，往往会以环境要素为轴心发挥出思想引领的作用。

4.思想政治教育环境论的启示

"当今时代，新科技革命方兴未艾，科技的发展给人的生活方式、思维方式带来了显著变化，并深刻影响着思想政治教育与科技创新相结合，使思想政治教育焕发出新的生命力，这是科技革命进程中对思想政治教育工作提出的新问题。"①因此，高校思想政治教育必须适应信息化时代背景下的环境要求和工作对象的变化，将人的社会化与环境、环境与人的主观能动性以及环境主导要素与辅助要素等相关论述作为创新的坚实理论指导和理论基础。

首先，教育广大学生在信息社会环境变革的背景下积极提升自己的社会化程度。马克思在《关于费尔巴哈的提纲》中写道："人是环境和教育的产物，……环境是由人来改变的，而教育者本人一定是受教育的。"②在现代社会中，面对科技领域、人才领域和教育领域的全面竞争，广大高校思想政治工作者要让学生意识到只有不断提升自身综合素养才能够在竞争激烈的人才市场中拔得头筹，要积极主动地适应信息化社会发展，要积极利用自身的聪明才智提高自身的社会化程度，并促进自身的全面发展。

其次，教育广大学生在信息化社会要积极发挥自身的主观能动性，实现自身的全面发展。"主观能动性是人所特有的能动地反映世界和改造世界的能力和作用。"辩证唯物主义是在承认意识对物质的依赖性这一前提下，重视人的意识对物质的能动的反作用，同时认为要正确发挥人的意识的能动作用还必须正确认识和遵循客观规律、要依靠人的社会实践活动以及一定的技术条件和手段。信息化时代，在网络的扩大作用以及拓展作用之下，人际关系大大突破了现实生活中的地位、性别、阶层等的局限，这就意味着每一个行为主体都能在平等与公正的环境下提升自己、发展自己。因此，为了更好地、更加积极地发挥人的主观能动性，当代大学生不应将网络只当作闲暇时间的一种消遣，而是要将其当作自身学习的资料库以及提升自身知识储备的信息来源。要坚持与时俱进，适应信息社会的竞争，把握信息社会发展潮流，突破信息化虚拟环境的限制，兼顾自身学习、个人修养与现实人际关系的处理，更加积极主动地获取知识和信息，

---

① 马振清：《思想政治教育前沿问题研究》，北京：国家行政学院出版社，2014年，第221页。
② 《马克思恩格斯选集》（第1卷），北京：人民出版社，1995年，第59页。

充实自己，最终打开通往成功的大门。

再次，对于现有的高校思想政治教育环境来说，主导要素会在其发展的过程中展现自己的关键作用，且这种作用必须在辅助要素协同配合的前提才能完全地显现出来。所以，在打造新时代高校思想政治教育环境时，主导要素的核心目标就是完成既定任务并对相应的目标展开教育。而辅助要素在此过程中的主要任务是对现有情形以及关键要素进行优化与完善。例如，当进行爱国主义教育时，爱国教育就是这一系列行为的主导因素，其核心目的是全面提升人们的爱国情感。学校在培养学生的爱国主义情怀时，通常借助网络音乐、电影、幻灯片等手段展开爱国主义教育活动。在这个过程中，辅助要素便是各种各样的教育手段。信息化时代背景下的高校思想政治教育创新研究的主导要素或其根本目的是促进信息化时代背景下高校思想政治教育的改革与发展。辅助要素是通过丰富当前思想政治教育方面的方式方法与相关理论，对高校思想政治教育过程中所使用的传播手段与其中所运行的规律进行说明。以新的方式在高校中开展思想政治教育课程，通过"互联网技术和信息化手段"解决高校思想政治教育中遇到的实际问题，推动高校思想政治教育模式的创新，并不断提升高校思想政治教育的实效性。

最后，主导性要素的存在能为辅助因素引领方向，辅助性要素的存在能够为主导因素提供补充。作为信息化时代高校思想政治教育不可或缺的要素，在高校思想政治教育过程中，主导性的创新要素主要集中在方向上，而辅助性的创新要素则是以现代化的教学工具和思想为核心，为教育课程提供新的能量。特别是新的信息技术手段为增强高校思想政治教育工作的针对性、实效性，提升高校思想政治教育工作的说服力、吸引力提供了新的动力。信息技术的飞速发展为高校思想政治教育活动创造良好环境。创新的过程中，必须以实现科学技术为前提，根据高校思想政治教育主体环境内容，深入研究高校思想政治教育工作的新思路，制定出具体工作方法，解决实际问题。

（三）马克思主义关于人与环境辩证统一思想

"马克思主义是不断发展的开放的理论，始终站在时代前沿。马克思一再告诫人们，马克思主义理论不是教条，而是行动指南，必须随着实践的变化而发展。"①马克思、恩格斯是马克思主义理论的创始人，虽然他们并没有生活在信息化时代，也没有留下关于信息化和互联网的相关论述，然而马克思主义从来都是方法而不是教义。马克思、恩格斯关于人与环境辩证统一的思想在今天仍具现实指导意义，为信息化时代高校思想政治教育创新提供了根本的理论指导和方法指引。

1.马克思主义关于环境创造人的思想

如果从物质生产的角度对其进行分析，会发现对于人的创造性行为而言，环境是极为重要的基础与前提。

第一，环境创造人的历史。马克思指出，"我们首先应当确定一切人类生存的第一个前提也就是一切历史的第一个前提，这个前提就是：人们为了能够'创造历史'，必须能够生活。但是为了生活，首先就需要衣、食、住以及其他东西。因此第一个历史活动就是生产满足这些需要的资料，即生产物质生活本身。"②马克思指出了人的物质生产生活是人类历史的生成条件之一，人类生产生活的历史亦就是环境创造人的历史。

第二，环境创造人的属性。环境对人属性的影响包含"自然"与"社会"两个层面。人生活在一定的环境之中，从出生之时起就受到自然环境的影响和制约；同时，社会是人生存的社会环境，人们在物质生产生活中形成的人与人之间的关系亦决定着人的社会属性，必然受到人与人之间的

---

① 《在纪念马克思诞辰 200 周年大会上的讲话》，《人民日报》2018 年 5 月 4 日，第 2 版。
② 《马克思恩格斯选集》（第 1 卷），北京：人民出版社，2012 年，第 158 页。

社会关系的制约。这同样说明了环境创造着人的社会属性。

第三，环境影响人的意识。人的意识的产生和发展是和人类社会的产生和发展是一致的。"思想、观念、意识的生产最初是直接与人们的物质活动，与人们的物质交往，与现实生活的语言交织在一起的。"①特别是伴随着社会生产水平的不断提高，人的意识也逐步发展。在生产力水平较低的社会，物质资源匮乏，物质生活和精神生活的质量都很低，个体更多地只考虑生存的问题，个体为了生存只能以群体的形式聚集起来，人类社会也逐步形成并逐渐扩大。这种人的意识与社会发展的统一性一直存在于后来形成的各种社会制度中。而随着社会生产力的不断发展，当社会能保障个体的全面的物质需求时，人的意识才能获得更自由全面的发展。人的意识的发展和环境的发展也就此实现了统一。但环境对人的意识的发展具有制约性。马克思主义认为，"人们用以生产自己的生活资料的方式，首先取决于他们已有的和需要再生产的生活资料本身的特性……更确切地说，它是这些个人的一定的活动方式，是他们表现自己生命的一定方式、他们的一定的生活方式。个人怎样表现自己的生活，他们自己就是怎样。因此，他们是什么样的，这同他们的生产是一致的——既和他们生产什么一致，又和他们怎样生产一致。因此，个人是什么样的，这取决于他们进行生产的物质条件。"②因此，当人的发展不再受到物质生产条件的束缚和限制时，人才能获得全面性的发展。

2.马克思主义关于人创造环境的思想

依照马克思认为，环境与人的关系不仅仅是单向的环境创造人。与此同时，人通过发挥自己的主观能动性对周边的环境带来影响。所以在此过程中，环境所产生的影响也会在规律的作用下受到约束。

---

① 《马克思恩格斯文集》（第1卷），北京：人民出版社，2009年，第524页。
② 《马克思恩格斯文集》（第1卷），北京：人民出版社，2009年，第519-520页。

人既是历史的创造者也是自己行为的主体，历史的发展以及社会的进步必然依赖于人的生产行为和人对社会关系的创造。第一，如果从生产力的角度对其进行分析，会发现马克思曾经在其论述中明确指出，"每一代一方面在完全改变了的条件下继续从事先辈的活动，另一方面又通过完全改变了的活动来改变旧的条件。"①这表明人类的发展历程是不断改变自我、改变环境、改变社会的历程。历史在这个过程中并不会主动创造事物，人类会根据自身的需求进行创造活动。第二，从社会关系的角度对其进行分析，会发现马克思认为人在进行生产的过程中会产生独特的社会关系，在生产力飞速发展的前提之下，人们的消费方式以及消费形式将会不断改变。马克思指出，"在人们的生产力发展的一定状况下，就会有一定的交换和消费形式。在生产、交换和消费发展的一定阶段上，就会有相应的社会制度形式、相应的家庭等级或阶级组织，一句话，就会有相应市民社会。有一定的市民社会，就会有不过是市民社会的正式表现的相应的政治国家"②。可见，这种社会关系并非与生俱来，而是人们在自身活动中创造出来的。第三，如果从人们的意识角度对其进行分析，其本质是世界的主观印象，也是人们对于社会的感知与体会。与此同时人们会根据自己的需要，在社会创造对应的关系。这种关系与社会的结合，将衍生出人们的意志。也正因如此，劳动创造着人的思想以及相应的观念。

人们的生产生活活动创造着自身。马克思认为，在社会中从事生产生活中的人也在创造着社会历史。假如无产阶级"不消灭本身的生活条件，它就不能解放自己。如果它不消灭集中表现在它本身处境中的现代社会的一切违反人性的生活条件，它就不能消灭它本身的生活条件。它不是白白地经受了劳动那种严酷的但是能把人锻炼成钢的教育的。"③所以，社会环境

---

① 《马克思恩格斯选集》（第1卷），北京：人民出版社，1972年，第51页。
② 《马克思恩格斯文集》（第10卷），北京：人民出版社，2009年，第42-43页。
③ 《马克思恩格斯全集》（第2卷），北京：人民出版社，1972年，第45页。

的变化将会直接影响人的个性特征。这是一种对于环境、对于社会关系的优化与改造，也是对人个性特征的创造，即亦表明人在改造环境的过程中同时实现了对自己的改造。

人们在创造环境的过程中，必然会受客观规律的直接约束。马克思认为，环境的创造能力必然会与生产力相结合，劳动者由于自身劳动能力的不同而有不同的生产力。人们在生产的过程中，劳动资料扮演着中介的作用，这也对人们的劳动产生影响。人们对环境的创造必然会受生产关系以及生产力的制约，历史没有办法完全依照人们的主观意愿发展，客观规律将会在这个过程中展现自己的作用。人们只有在改造自然的过程中遵循客观规律、尊重客观规律才能实现自己的目标。

3.马克思主义理论关于环境与人的相互创造统一于社会实践的思想

马克思和恩格斯将人们思想形成的过程、变化、发展以及与环境之间的关系做出系统阐述。他们认为，环境可以使人发生变化，人也能对环境产生影响，在社会实践中二者之间的关系紧密相连。看待环境改造人这一问题的过程中，通过唯物主义的观点对这一问题做出公正的回答。"人们的观念、观点和概念，一句话，人们的意识，随着人们的生活条件、人们的社会关系、人们的社会存在的改变而改变。"[1]"人们自觉地或不自觉地，归根到底总是从他们阶级地位所依据的实际关系中——从他们进行生产和交换的经济关系中，获得自己的伦理观念。"[2]"我们拒绝把任何道德教条当作永恒的、终极的、从此不变的伦理规律强加给我们的一切无理要求。"[3]"相反地，我们断定，一切以往的道德论归根到底都是当时的社会经济状况的产物。"[4]个人的思想与他所处的社会环境之间有着密切的联系，

---

[1]　《马克思恩格斯文集》（第2卷），北京：人民出版社，2009年，第50页。
[2]　《马克思恩格斯选集》（第3卷），北京：人民出版社，2012年，第470页。
[3]　《马克思恩格斯文集》（第9卷），北京：人民出版社，2009年，第99页。
[4]　《马克思恩格斯文集》（第9卷），北京：人民出版社，2009年，第99页。

而且社会中的经济、生产、社会关系等都会对其产生严重影响，而这些影响的发生则与环境密不可分。马克思、恩格斯在研究人与环境之间的关系时，发现两者之间是相互影响、相互改造的。"有一种唯物主义学说，认为人是环境和教育的产物，因而认为改变了的人是另一种环境和改变了的教育的产物这种学说忘记了：环境正是由人来改变的，而教育者本人一定是受教育的。"①"环境的改变和人的活动或自我改变的一致，只能被看作是并合理地理解为革命的实践。"②"既然人的性格是由环境造成的，那就必须使环境成为合乎人性的环境。"③"动物仅仅利用外部自然界，简单地通过自身的存在在自然界中引起变化；而人则通过他所作出的改变来使自然界为自己的目的服务，来支配自然界。"④他们还认为，人对环境进行改造的过程中，还会对社会关系、生产力、思想观念以及活动范围产生影响，甚至还会给人自身带来一定的影响。人对环境产生影响的过程中，人的各种行为也会受到客观规律的限制。人对环境进行改造的过程中，实际上也是在被环境改变，但是在这两种关系中，人所做出的行为具有能动性。因此，人们可以通过各种实践活动对当前的政治、教育、思想等产生影响。在自然界活动的过程中，人类所表现的主动性较强，能够根据自己的需求对周边的环境做出调整，使其与自身相适应。

4.马克思主义关于人与环境辩证统一思想的启示

马克思主义关于环境与人的关系的重要论述，对高校思想政治教育活动的开展具有重要的指导意义。

首先，在对高校思想政治教育环境进行研究的过程中，我们可以先从当今时代所具备的功能特征以及概念、信息交流等方面进行理解。在把握

---

① 《马克思恩格斯选集》（第1卷），北京：人民出版社，1995年，第78页。
② 《马克思恩格斯文集》（第1卷），北京：人民出版社，2009年，第545页。
③ 《马克思恩格斯文集》（第1卷），北京：人民出版社，2009年，第189页。
④ 《马克思恩格斯文集》（第9卷），北京：人民出版社，2009年，第559页。

其内部结构以及运作规律的前提下，不断发挥主观能动性，对现有网络环境加以改造。信息化时代背景下，网络环境的形成是客观的，不会因人们意志而发生任何改变，但是人们可以通过了解事物的发展规律以及发展特点，充分发挥自身的主观能动性，改变现有环境，塑造真正适合高校思想政治教育创新的网络环境。

其次，对于事物的发展，以及人与环境之间的关系而言，实践的意义极为重要。实践能为信息化时代高校思想政治教育创新提供直接的理论依据。对理论指导实践而言，实践是其必经之路，是高校思想政治教育在创新环境中逐渐展现主体性特征的必要方式。人们在使用具有信息化特征的教育手段对现有的高校思想政治教育网络环境进行优化的过程中，也全方位地提升了人们的思考能力和信息素养，并让人们意识到自己真正的精神需求，为人们创造更加优秀的精神文化作品即高校思想政治教育内容提供了宝贵经验。

最后，马克思在其著作中明确分析了人与环境之间的联系，对于完善当前高校思想政治教育体系有着一定的帮助作用。马克思主义理论对现有的人与环境之间的关系进行了解释，揭示了二者相互影响、相互制约的辩证关系，为信息化时代背景下高校所开展的思想政治教育活动提供了帮助，尤其在上文中对马克思主义理论所提出的人与环境之间的研究，让我们能辩证关系对二者之间的关系有更深入的了解。按照上文研究得出的观点，我们可知环境会对人的思想、政治面貌、生活环境、行为习惯等带来一定的影响，反之，人的行为也会对环境带来一定的影响。所以，在进行高校思想政治教育活动时，创建适当的环境，对其教育活动的开展具有极为重要的意义。

因此，高校在创设思想政治教育环境时，要以马克思主义理论相关理论为依据，对教育环境进行创建，探寻其中所存在的规律，使学生在接受思想教育时受到更好的环境熏陶。

（四）习近平总书记关于网络安全和信息化工作的重要论述

网络安全和信息化是相辅相成的，信息化快速发展的同时也要有安全保障。大数据时代，互联网已经渗透到国家的政治、经济、文化和社会等各个领域，正深刻影响着我们国家的治理方式。"信息全球化的飞速发展，导致网络安全形势也愈发复杂。"党的十八大以来，习近平总书记高度重视网络安全和信息化工作，多次从网络安全的重要性、国际合作共赢、信息技术手段掌握、大数据战略、推动信息领域核心技术突破、推动媒体融合、提高运用区块链技术能力等方面部署和加强了网络强国与社会治理工作，使网络强国建设和网络安全治理的战略部署与"两个一百年"这一奋斗目标同部署同推进。在党的十八届三中全会上，关于加快完善互联网管理体制，习近平总书记明确提出，"网络和信息安全牵涉到国家安全和社会稳定，是我们面临的新的综合性挑战"①。2014年2月，习近平总书记主持召开"中央网络安全和信息化领导小组"第一次会议时强调"没有网络安全就没有国家安全，没有信息化就没有现代化"。强调要从国际和国内大势出发，制定实施网络安全和信息化发展战略、宏观规划和重大政策，努力把我国建设成为"网络强国"。2015年12月，习近平于第二届"世界互联网大会"的开幕式上指出，"互联网让世界变成了地球村，世界因其更多彩，生活因其更丰富"。但与此同时"互联网领域发展不平衡、规则不健全、秩序不合理等问题日益凸显"，提倡"国际社会应该在相互尊重、相互信任的基础上，加强对话合作，推动互联网全球治理体系变革"②。2016年10月，习近平总书记在十八届中央政治局第三十六次集体学习时着重强调："我们要深刻认识互联网在国家管理和社会治理中的作用，以推行电子政务、建设新型智慧城市等为抓手"③，"用信息化手段更好感知社会

---

① 《中共中央关于全面深化改革若干重大问题的决定》，北京：人民出版社，2013年。
② 《在第二届世界互联网大会开幕式上的讲话》，《人民日报》2015年12月17日，第2版。
③ 《迈出建设网络强国的坚实步伐》，《人民日报》2019年10月19日，第1版。

态势、畅通沟通渠道、辅助决策施政"。①2018年4月，习近平总书记在全国网络安全和信息化工作会议上再次强调："信息化为中华民族带来了千载难逢的机遇。我们必须敏锐抓住信息化发展的历史机遇"，"主动参与网络空间国际治理进程，自主创新推进网络强国建设，为决胜全面建成小康社会、夺取新时代中国特色社会主义伟大胜利、实现中华民族伟大复兴的中国梦做出新的贡献。"②2019年10月，习近平总书记在十九届中共中央政治局第十八次集体学习会议上指出，"相关部门及其负责领导同志要注意区块链技术发展现状和趋势，提高运用和管理区块链技术能力，使区块链技术在建设网络强国、发展数字经济、助力经济社会发展等方面发挥更大作用"③。

这些重要论述，充分体现了习近平总书记的战略眼光，他站在人类历史发展以及党和国家全局的高度，科学分析了信息化变革给我们带来的机遇和挑战，高度概括了党的十八大以来网络安全和信息化工作取得的显著成就，并强调"任何技术都倾向于创造一个新的人类环境"④。信息化时代背景下的网络信息技术正以前所未有的速度和方式渗透到社会生活的方方面面，已经成为世界各国科学界与教育界共同关注的焦点所在。习近平总书记强调，"要运用新媒体、新技术使工作活起来，推动思想政治工作传统优势同信息技术高度融合，增强时代感和吸引力。"⑤可以说，信息化时代的高校学生的主体性地位增强，思维也更加活跃，对信息知识的获取也

---

① 《习近平总书记引领推动网络强国战略综述：朝着建设网络强国目标不懈努力》，《人民日报》2017年12月2日，第1版。
② 《敏锐抓住信息化发展历史机遇　自主创新推进网络强国建设》，《新华网》2018年4月21日。
③ 《把区块链作为核心技术自主创新重要突破口　加快推动区块链技术和产业创新发展》，《人民日报》2019年10月26日，第1版。
④ [美]理查德·A.斯皮内洛：《世纪道德：信息技术的伦理方面》，刘钢译，北京：中央编译出版社，1999年，第1页。
⑤ 《把思想政治工作贯穿教育教学全过程　开创我国高等教育事业发展新局面》，《人民日报》2016年12月9日，第1版。

不仅仅满足于课本，这给传统的高校思想政治教育带来严峻挑战。从这个角度而言，习近平总书记关于网络安全和信息化工作的重要论述为信息化时代的高校思想政治教育创新提供了科学的理论指导和基本遵循。

一是要积极利用信息技术整合教育资源，打造灵活开放的教育资源共享平台，实现教育资源的广泛共享。在全国高校思想政治工作会议上总书记强调，大学生思想政治教育工作者要在用好课堂教学这个主渠道的基础上，推动思想政治教育传统教学课堂与新媒体、互联网等先进信息技术的高度融合，使高校思想政治工作活起来，以此增强思想政治工作的时代感和感召力，提升思想政治教育的亲和力和针对性。因此，信息化时代背景下的高校思想政治工作者应打破传统时间和空间的限制，对一些社会"热点"及"焦点"问题，通过在微博上创建"公共社区"、一个长期稳定的公共聊天室或以微信为主的信息交流和共享平台，精心挑选互动交流话题，更多地挖掘教育资源、学习资源，通过动画、语音、美图和美文等方式推送正能量的新闻信息和新闻资讯，把符合广大学生个性特点和大学生喜闻乐见的生活案例运用到高校思想政治教育中，密切关注广大学生的心理需求及思想动向，积极引导他们的思想向着积极健康、理性平和、成熟向上的方向发展。

二是在高校思想政治教育方式、方法上，要因事而化、因时而进、因时而新，要运用新媒体新技术使工作活起来，推动思想政治工作传统优势同信息技术高度融合，增强时代感和吸引力。随着现代科学技术特别是网络信息技术的飞速发展，各大自媒体平台越来越受到大学生们的青睐。与传统的媒体相比，网络新媒体突破了以往传统的信息传播模式，具有明显的互动性、共享性等特征，为高校思想政治教育提供了更多的教育载体和情境创设媒介。网络新媒介、网络方法、网络载体和网络信息技术手段更贴近于学生的心理，既符合当前信息化教育的育人理念，也有益于广大学生更好地掌握学习内容，更易于为学生所接受。

三是要推动媒体融合发展，要运用信息革命成果，推动媒体融合向纵深发展，做大做强主流舆论，巩固全党全国人民团结奋斗的共同思想基础。加快媒体融合发展是新时代宣传思想工作的重要战略部署，这对于构建现代传播体系具有重要意义。高校思想政治教育承担着巩固主流阵地、宣传主流文化、做大主流舆论的责任，特别是在信息化时代背景下媒体融合构成了媒体信息传播的新格局的情况下，高校首先要强化互联网思维，以发展的眼光看问题，坚持"因事而化、因时而进、因势而新""无处不网络，一切皆互联"的思想理念，不断增强思想政治工作的创新性、时代感和生活性。

此外，遵循大学生思想政治教育的基本规律。大学生思想政治教育的基本规律包括思想政治工作规律，教书育人规律，学生成长规律等。教育者要不断提高工作能力和水平。随着信息化时代的来临，信息化时代背景下高校思想政治工作者要在具备理论知识、职业道德及管理经验等基本条件的基础上，提高自身的信息素养，即信息处理能力、信息问题解决能力、信息交流能力、信息文化能力，在进行职业发展规划时，要从信息化时代大学生的喜好特点入手，不断提升自身信息技术能力，提高教学行为和教学手段，提高教学质量，提升教学效果。

本章小结

随着人类社会步入一个信息化社会，网络信息技术全面影响着大学生群体的生活方式，高校思想政治教育正在面临前所未有的挑战。在开展高校思想政治教育的过程中，要将信息化技术运用其中，使学生能够充分感受到当前的时代变化，以信息化作为教学背景，展开具有创意性的思想政治教育活动。这也是作为高校思想政治工作者义不容辞的历史责任。本章作为全文的"起始"章节，站在信息化时代的高度，阐释了"信息化"的内涵、属性及价值，然后对信息化时代的内涵及特征做出详细分析。并以此为依据，对信息化时代下，高校在进行思想政治教育方面的创新内涵进行说明，同时对这种新型的教学方式所表现出来的特征与需要满足的要求，以及信息化时代背景下提高高校在思想政治教育方面的基础理论建设与改善也进行了说明。

第二章 信息化时代
高校思想政治教育创新的境遇分析

伴随着信息技术的发展及其在政治、经济、社会和文化等各个领域的应用，高校思想政治教育面临的宏观环境和微观形势都发生了深刻变化。与之相应，高校思想政治教育在信息化时代背景下也呈现出新的矛盾问题并且遭遇信息化带来的诸多风险，这些共同构成信息化时代高校思想政治教育的现实境遇。只有对现实境遇有一个较为清晰的认知，才能对信息化时代背景下的高校思想政治教育创新进行整体上的把握。

一、信息化时代高校思想政治教育宏观环境变化

宏观环境主要由经济环境、政治环境、社会环境、文化环境等构成，各要素相互关联、相互制约形成宏观的整体性结构。"在宏观环境这个大的系统中，各个小系统具有不同的层次和地位，相互之间存在着内在的必然联系，对思想政治教育产生着不同的影响。"[①]信息化时代，高校思想政治教育所处的宏观环境发生较大变化，只有系统把握、深刻了解当前高校思想政治教育所处的宏观环境，才能正确发挥其对信息化时代高校思想政治教育创新的积极作用。

（一）"信息经济"成为经济发展新动能新引擎

"随着电子商务、互联网金融、智慧物流、物联网、云计算、大数据

---

① 樊家军、柏杨、白春香：《微观环境与思想政治教育工作研究》，西安：世界图书出版西安有限公司，2018年，第7页。

等信息服务业的快速发展，信息经济成为经济发展的新动能和新引擎。"①
信息经济作为一种新型的经济形态，具有明显区别于工业经济的特点，正
"引领我国迈入转型发展新时代"②。第一，信息资源成为人类社会经济发展
的新动力。相比农业时代和工业时代，虽然人们使用信息，但信息的经济
价值有限。在信息化时代，信息开始成为一种重要的社会资源，人们在各
种社会经济活动中逐渐认识并逐步注重对信息资源的开发利用，信息资源
逐渐成为社会经济结构中的重要部分，并创造出越来越多的经济效益。第
二，新基础设施的建立成为信息经济发展的物质基础。当前，随着经济形
态从工业经济向信息经济加速转变，云计算、大数据、互联网、物联网、
个人电脑、移动设备等基础设施逐渐发展、普及，推动了原有基础设施的
改造升级，使经济活动摆脱了对空间的依附，有力地支撑起互联网经济体
的成长和传统产业信息经济化的转变，展现了技术变革的力量，并通过提
升生产率，引发了社会经济新一轮的长期增长。第三，新型的社会分工成
为信息经济发展的显著特点。信息经济中，信息流动性加强、流动成本降
低，消费者的信息消费能力加强，其在社会中的角色、地位和力量都发生
了变化，新型的分工协同形式开始涌现。

当前，我国正处于产业结构调整的关键期，优化升级经济结构刻不容
缓。随着物联网、云计算、虚拟现实和人工智能等新一代信息技术的快速
发展，我国相继提出了网络强国战略、大数据战略、"中国制造2025""互
联网+"等发展战略，无限拓宽了以现代信息技术为载体的信息经济的发
展空间，激发了以信息技术为支撑的信息经济的巨大能量。信息经济是包
含了技术经济范式的全新突破，在推动技术进步、效率提升、组织变革的
同时，以信息作为创新要素极大地促进了生产效率的提高。从经济结构的

---

① 中国人民银行货币政策分析小组编：《2018 中国区域金融运行报告》，北京：中国金融出版社，
2018 年，第 241 页。

② 王伟玲、肖拥军：《我国信息经济发展方向及政策建议》，《经济纵横》2015 年第 10 期，
第 73-78 页。

角度来看，与信息经济发展相关的研发设计、生产制造、服务应用等领域的潜力被进一步释放，催生了业务流程的变革和商业模式的创新，成了拉动经济高质量发展的新增长点；从企业创新的角度来看，信息技术的快速发展，显著降低前沿技术的门槛，赋予更多企业和个人开拓创新的机会，使企业在技术、管理和体制等方面实现创新发展，增强了企业的竞争力；从资源配置的角度看，信息经济更侧重平台化的数据汇集和深度应用，通过海量信息的积累与交换、分析与运用，实现供需精准对接，促进资源高效配置。可见，信息经济的快速发展是我国经济迈向高质量发展阶段的必然选择，是贯彻我国新发展理念的最集中体现。

（二）"电子政务"成为国家治理现代化新动力

"电子政务是国家治理现代化的内在驱动力和核心内容。国家治理现代化与电子政务是一个相互促进的过程。"[①]"电子政务在治国理政新实践中发挥越来越重要的作用，已成为创新服务模式、提升行政效能，推进国家治理体系和治理能力现代化的重要支撑。"[②]所谓"电子政务"并不是单纯地将外在的传统行政方式和手段转化为电子行政方式，而是强调"利用信息技术构造出更适合信息时代的政府治理模式，建立一个更精干、更有效率和效能、更具服务精神的政府"[③]。具体说来，首先，电子政务提升了政府治理能力，使政府在开展治理工作的过程中，表现出更高的现代化治理水平。利用现代化的方式开展政务治理工作，公开政府的行政活动，便于接受上级、同级、下级、公众和媒体舆论等多方主体的监督，这种公开化、透明化的行政活动有效抑制了腐败行为的产生，可以最大程度保障行

---

① 杨春立：《以电子政务推动国家治理现代化》，《中国电报》2016年8月9日，第3版。
② 鲁金萍：《"十四五"时期我国电子政务发展趋势展望》，《中国信息化周报》2021年4月19日，第23版。
③ 孟令梅：《试论信息化时代政府再造与电子政务之关系》，《国家行政学院学报》2005年第1期，第37-39页。

政运行的执行力度；借助电子政务平台可以打破时间、空间的限制，实现政府组织结构和流程的优化和重组，进一步提高政府行政运行效率和服务质量。其次，电子政务增强了政民之间的沟通，推动政府与公众良好互动关系的形成。公民可以借助电子政务平台民主参与政治治理，提出合理的意见和建议，促使政府形成"以公众为中心"的治理理念，更加注重公众利益和公众对政府服务的满意程度，进而实现政府职能的转变。最后，电子政务实现了政治治理的多元化。电子政务消融了行政管理一元化治理的生存土壤，顺应行政管理多元化治理的发展趋势，形成多元化治理的规制职能和多元化的治理组织，给行政管理多元化治理模式提供了发展平台。

"教育电子政务"已成为国家"电子政务"建设的重要组成部分。自2001年起，教育部组织全国范围内的教育电子政务平台建设，在全面提高教育管理能力、教育教学能力和教育公共服务能力方面取得显著成绩。从工作效率的角度看，高校推进的教育电子政务平台能够在学校、院系、教师、学生间建立起良性互动的渠道，实现学校内信息的顺畅流通，对于提高日常工作效率、推进校务公开、扩大政务参与、增强信息透明度具有重要作用；从校园管理的角度看，教育电子政务平台以信息技术为手段，实现了教育行政管理工作的改革与创新，依靠信息技术的支持，使工作人员从繁重的、重复的工作中抽离出来，实现了学生管理部门的"信息共享"；从教育资源的角度看，众多高校在教育电子政务平台上建立起了校园门户网站，及时发布学校、院系的政策性文件、活动通知等信息，还构建教学资源库，上传众多课程、教案、教学设计、课件等优质教学资源，实现了优质教育资源的共建共享。不仅如此，在教育电子政务平台上还汇集教育教学一线的名师和专家，组织起了一支素质优秀、敬业负责的教师团队，实现了和学生的远程交流、学习辅导和网上咨询，成了信息化时代师生交流的重要网络平台。

（三）"智慧社会"成为社会发展新部署新阶段

党的十九大报告明确提出，要"永远把人民对美好生活的向往作为奋斗目标"，要求"建设科技强国、质量强国、航天强国、网络强国、交通强国、数字中国、智慧社会"。"党的十九大报告提出建设智慧社会，这是科学判断信息社会发展趋势作出的战略部署。"[①]所谓"智慧社会"就是"人类集成运用互联网、物联网和人工智能技术构建的一种'智慧管理器'为中介系统的智能化社会活动场域和自主回应型社会运行样态"[②]。可见，智慧社会并未超脱知识社会、信息社会、数字社会、网络社会等"后工业社会"的概念框架，它是依托于大数据、人工智能等科学技术发展而形成的一种社会形态，是信息化、网络化、智能化趋势的最新发展阶段，是不断满足人民日益增长的美好生活需要、逐步解决经济社会发展不平衡不充分的一种新型社会形态。正是基于对当前社会发展阶段的深刻理解和发展瓶颈的准确判断，以习近平同志为核心的党中央审时度势、高瞻远瞩，与时俱进，紧扣信息化发展脉搏，立足我国信息化建设实践，突出"数字化、网络化、智能化"等发展热点，提出了一系列新思想、新观点，为我国智慧社会建设提供了方向。

智慧社会是比智慧城市更高层次的概念，是未来智慧中国的代名词，是我国数字中国建设的方向。当前，智慧社会建设已经成为推动新兴信息技术在经济社会各领域中深入应用的集中体现。首先，智慧社会是数字化、网络化、智能化深度融合的社会，其强调借助感知技术实现快速获取社会发展的相关信息，利用高效的数据传输，打破信息壁垒，快速、有效地推进物与物、人与物、人与人之间的互联与通信，实现智慧社会的万物感知和互联。其次，智慧社会的核心是创造、处理、分析和共享有关智慧城市的智能设施、公共服务、社会运作的海量数据，这就要求智慧社会必

---

① 《建设智慧社会》，《人民日报》2018年12月2日，第7版。

② 何明升：《智慧社会：概念、样貌及理论难点》，《学术研究》2020年第11期，第41-48+177页。

须实现对数据资源的有效收集和高效处理。借助大数据的数据分析加工技术提前做好预测与预警，提高数据资源利用率，实现各业务单元的联动。而社会运行系统和公共服务也能依据实时数据做出即时反应并立即采取行动，有效提升社会治理效率。不仅如此，智慧城市的建设目的是"解决城市发展难题，实现城市可持续发展"[①]。因此，智慧城市也包含对社会建设的有效规划。这种有效规划不仅蕴含对信息系统建设的要求，还包含着对社会组织环境资源、政府行政资源、社会文化教育资源等的合理分配和利用，如此才能从城市战略发展层面真正实现智慧城市目标。最后，智慧社会建设是一项宏大的系统性工程，包含了教育信息化、医疗卫生信息化、社区信息化等诸多内容，需要完善各个模块子系统，实现互联互通、高效协作，才能达到智慧城市的终极目标。智慧教育是智慧社会的关键一环，以教育信息化带动教育现代化，破解制约我国教育发展的难题，加快我国从教育大国向教育强国转变。也因此，物联网、云计算、移动互联网等新一代信息技术的飞速发展，为我国教育行业的智能化、智慧化发展提供了契机。

（四）"新信息文化"成为文化发生发展新生态

"新信息时代的理念在人们对数字化、网络化、虚拟化等概念与现实的体验与反思中变得像生活本身一样具体与清晰。不管人们对于现代社会是以'信息社会'、'知识社会'抑或'后现代社会'的话语来表征，新信息文化都已成为人们生活中不可回避的现实。"[②]总的来讲，"当前所使用的新信息文化是区别于原来的旧信息文化而成立的。他们在文化发展的过程中表现出了历史性发展。所谓新信息文化就是基于现实与虚拟共生的两个平台上的网络文化、博客文化、手机文化、虚拟交往和虚拟情感等在内的

---

① 何宗耀：《新型智慧城市建设现状、技术与研究》，北京：北京邮电大学出版社，2018年，第214页。

② 陆续红：《数字化变革中崛起的新信息文化》，北京：人民出版社，2007年，第1页。

文化称之为新信息文化"①。可见，信息技术的快速发展，不仅影响人类文化的发展，还催生出一种新的文化形态。新信息文化就是这样一种随着信息技术的出现而出现，并随着信息技术的发展而不断发展的文化形态。可以说，现代信息技术的发展重构了人类的文化平台和文化时空，推动了新信息文化的产生。

信息技术主要是通过采集、生产、储存、处理、传输和检索等方式，实现对文字、图片、声音、影像等资源的处理，集中反映的是人们对处理各种网络信息的基本基本经验、知识及其手段、工具。仅从信息处理来看，自从有人类开始就已经存在，但是将其作为一门学问并利用技术的形式进行处理，则是近几十年的事情。"现代新信息技术包括现代计算机技术、网络技术、数字处理、多媒体、电子通信等。这些新技术以数字化、网络化、多媒体化、宽频带、智能化和高速度等特征，为人类注入了新的文化元素与文化形式，是新信息文化的技术支撑。"②信息技术的快速发展催生出一种以信息技术为因变量的新的文化形态，这种文化形态不同于以往的文化产生，但却与社会的发展息息相关。麦克卢汉曾断言"媒介即讯息"。他在肯定传播媒介对人类社会发展的作用的同时，也告诉了我们媒介一经问世，不管它传播的内容是什么，它都在影响人们的思维习惯。而新媒介的产生本身就会引起社会的变革。同样，现在新信息技术的产生造就了当下具有全球化、网络化、知识化、虚拟化的新信息文化。可见，随着新信息技术的产生和发展，一种区别于传统信息文化的新文化形式也悄然而生。

二、信息化时代高校思想政治教育微观形势变化

进入信息化时代后，信息技术在为高校思想政治教育带来政治、经

---

① 汤竹庭：《广西社会科学年鉴》，南宁：广西人民出版社，2008 年，第 129 页。
② 陆续红：《数字化变革中崛起的新信息文化》，北京：人民出版社，2007 年，第 45 页。

济、社会和文化等宏观环境变化的同时，也对高校思想政治工作者、高校思想政治教育对象、高校思想政治教育载体以及高校思想政治教育环体等高校思想政治教育内部要素带来了显著变化，使高校思想政治教育的微观形势发生了深刻变革。这一微观形势的变革使信息化时代高校思想政治教育的创新更具直接性、具象性的影响，也相对直接和有力地推动了信息化时代高校思想政治教育的创新。

（一）高校思想政治教育主体主导方式"技术化"

"从信息活动的维度来看，能动地把握、利用、开发和创造信息是人类社会的本质；把握、利用、开发和创造信息的间接化程度是人类社会进化的尺度。"[①]每个时代都会孕育和发展一种与之相适应的教育范式。纵观人类社会的发展历程能看出，进入工业时代以前，人类的教育是通过个体的传承实现的，这种传承通常情况下需要建立在亲缘关系上。进入工业时代以后，教育走出家庭的限制，来自不同家庭的学生可以通过学校的形式实现教育，此时教育则是集体式的。或者也可以说在这一模式下，学生就如同流水上的商品，可以一届一届地被生产出来，并且输送到社会中。进入信息时代后，教育打破时空的局限，人们不仅可以在学校获得知识，还可以通过信息技术所创造的多种途径获得教育，此时"信息化教育""技术化教育"这种模式就衍生出来。由于信息技术的飞速发展和普及改变了整个国家的宏观环境，这对高校的思想政治教育工作提出了新要求。由于教育的接受者及其关键任务已经不同于以往，因此教育者不能刻舟求剑，不可继续沿袭以往的教学理念与方法、试图以此满足现代教育活动的需求。马克思主义理论也告诫教育者，必须立足于客观实在的发展来促进思想的发展。由于外部的环境已经发生了变化，教育理念与方法的转变已经

---

① 邬焜、刘世文、李琦：《关于信息论研究中几个问题的探讨》，《社会科学评论》1986 年第 1 期，第 50—57+79 页。

成了时代的必然要求，只有这样才能在当前的实践环境中充分发挥出教育活动的预期效用，否则就会出现教条主义的错误，让教育活动成为脱离实践的形而上学。

随着经济一体化进程的不断推进，改革开放政策的逐步深入及市场经济体制的渐趋完善，中国以极高的发展速度得到了世界的关注。在这一环境下，人们的思想观念变得多样化，诉求也更为多元。除此之外，个体的自我意识也越来越强，都期望能通过努力做出自己的选择、实现自己的人生价值。除此之外，信息技术的飞速发展对人们的生活产生了广泛而深入的影响，人们的消费模式、生活方式、学习渠道等都已经呈现出了与四十年前截然不同的景象。而在信息时代出生的少年与青年群体的思维模式以及学习方式也产生了巨大的转变。

首先，在信息时代，各种计算机技术、数字技术都已融入人们的生活。信息的传播效率越来越高，信息来源越来越丰富，信息规模也逐步扩大。与此同时，人们的生活方式也发生了巨大改变。对于经济主体来说，信息技术已经成为企业实现高效管理的关键途径。而对于教育主体来说，计算机网络则成了打造现代化教学模式的有力工具。在高新科技的支持下，学生可以通过计算机、互联网实现知识摄取。对社会主体来说，许多熟练运用网络的个体都已建立了数字化的社交模式，在互联网平台实现了信息的交互。互联网已经改变了学生的生活与学习的方式。许多高校学生都通过互联网实现社交、学习与生活。此时的互联网成了学生成长的一种虚拟环境，这一环境面向学生所传递的信息将会影响学生认识世界的方式以及其价值的选择。

其次，随着信息技术的普及，年轻人获得知识、进行社会交往等的方式也与以往大相径庭。许多人都进入数字化的生活状态。数字技术一方面为人们的生活带来了许多便捷，扩大了青少年获取信息的路径，提升了信息的广度。另一方面却也对青少年的认知与人格等造成了消极影响。一些年轻人已经被信息异化，过于依赖网络，习惯于接受数字化信息。这些年轻人在接受教育的过程中对数字技术的敏感度更高，更倾向于通过自主、合作与研讨的形式实现知识学习。此时以往的经验型教学将很难在当前发挥出理想的效果。然而教育者在成长环境上不同于当前的受教育者，故此二者在理念、认知等多个方面都存在巨大的差异。特别是在数字化、信息化领域之中，教育者往往无法适应年轻学生们所习惯的数字化教学模式，而年轻人对于教育者传统的教学方法又兴趣不足，此时如果教育者无法在理念和方法上与年轻的受教育者实现协调与同步，就无法提高高校思想政治教育的实效性。

最后，对待信息异化这一情形，教育者应当依托于互联网这一媒介开展更加有效的高校思想政治教育，打破以往开会、授课、考试等传统模式的局限，探寻一种更符合信息化特质的教学方法，以实现高效思想政治教育的现代化。在当前的时代下，教师在数字化领域成了"学生"，其必须虚心地、积极地学习这些数字技术，树立先进的教学理念，寻求更符合年轻人习惯与需求的教育模式，只有这样才能够充分发挥出高校思想政治教育对学生思想与实践的积极作用。相反，如果教师没能对自身的理念和方法进行创新，其与学生之间的信息鸿沟就会越来越大，此时高校思想政治教育也将会成为脱离时代、脱离环境的教条，难以吸引学生的兴趣，更无法让学生认识这种科学思想的价值性，而这样的教育活动只能成为一种形式主义的行为，无法发挥出真正的价值和作用。

（二）高校思想政治教育客体生存状态"虚拟化"

信息化时代的突出特征在于信息交互的效率性。在这一时代下，信息已经不再被时间和空间束缚，人们社交活动从直接变为间接，面对面变成了代码与代码的沟通，数字技术成为连接人们社会关系的媒介，个体的一切言语和活动都通过"二进制"的形式展现在数字平台。此时高校学生虽然身处现实环境，却又无处不受虚拟环境的影响，形成了一种现实与虚拟相互交融的新时代网络虚拟生活模式。在这一模式下，现实之中的竞争并未因虚拟环境的安慰而远离高校学生，相反，强度不断提升的竞争环境无时无刻不在要求学生必须提升自身的能力与素养，如此才能满足社会的需求。与此同时，虚拟世界的存在又给予了高校学生放松的空间和"角落"，在忙碌的生活中给予了年轻人慢节奏的机会。

信息时代，网络所打造的虚拟场景能够为人们提供越来越多的数据以及信息，如果仅从表面上对其进行分析，会发现虚拟空间所展现的内容似乎全部都是纯粹的数字，但如果从本质角度对其进行分析，会发现这些数字能够将人与人之间的关系加以遮蔽。如果人们在生活中希望摆脱掉这种虚拟的困扰，就应在思考问题时坚持辩证统一的思想，从积极性和消极性两个角度对其进行分析。一方面，信息化社会中的大学生可以通过网络来获取知识、丰富生活。信息化浪潮正以前所未有的速度冲击人类的生活，人们生活的各个场景都会发生或多或少的改变。网络具有信息传播量巨大、信息传播速度极快、信息覆盖范围极广的特点。现在的大学生在学习过程中能熟练地使用互联网，并且将互联网当作自己的第二个学习空间。互联网能够将声音、文字以及传统意义上的媒体加以融合，让数据以更加高效、更加快捷的方式展现在人们的面前。学生不断提出问题，并学习新的知识，培养自己的思维能力，知识储备量也不断提升。信息化时代是充满挑战、充满机遇的时代，也是信息不断进化的时代。信息技术的进步为人的全面发展打下了坚实的基础，也为人的快速发展带来了良好的契机。网络环境人际关系大大突破了现实生活中的地位局限、性别局限、阶层局限以及职业局限，每一个行为主体都能提升自己、发展自己，从而促进自己的全面发展。

另一方面，大学生也可以将网络视为短暂逃离生活、逃离责任的空间。由于网络交往的低成本性特征，人们也很容易在互联网上找到与自己兴趣相投的人，因此更容易得到关怀与慰藉，心灵更容易得到满足。但同时也由于缺乏对网络的清醒认识，导致人与人之间的情感逐渐淡漠，非理性问题的发生频率大幅度提升，如网络依赖问题、数据诈骗问题、信息异化问题。很多在网络社会中能够灵活运用信息并积极与他人交流的人很有可能在现实社会中有社交障碍。人们一旦长期沉溺在虚拟的网络交往，很容易加剧现实中人们之间的信任危机。久而久之，人们就会更喜欢在网络与其他人互动，网络的虚拟性干扰了人们尤其是青少年对自身社会角色的正确认知，使用者沉溺于网络的虚拟生活，甚至主动远离现实、逃避生活。此时一部分年轻人可能会沉迷于网络之中，沉浸在放松的、没有压力的虚拟环境而不愿意面对现实，对社会的责任感也会不断减弱，对集体生活的关注度降低，不愿意参与有利于社会发展的各种公益活动。他们在网络的背后隐匿着自己的真实身份，逃离现实生活赋予他们的责任，在虚拟世界建立全新的定位。可见，现实与虚拟之间的杂糅是信息化时代的根本特征，此时高校学生能否在这一模式下处理好虚拟和现实间的关系，将会直接影响学生的价值观念、社会责任感以及其后续的发展。

（三）高校思想政治教育载体"智能化"

"高校思想政治教育要通过一定的载体进行。载体承载和传递思想政治教育信息，是联系思想政治教育主体与客体的一种物质存在方式和外在表现形态。思想政治教育的载体不可能一成不变，必须与时俱进，在继承传统的基础上，不断优化创新。"[1]思想政治教育的载体就是在其教学活动中能够展现其教学理念的各种形式。换句话说，在高校这样的微环境中，所有能展现思想教育功能的载体都可以被高校利用，并让其为学生的思想教育服务。如果从功能的角度对其进行分析，会发现高校的思想政治教育载体往往能够直接展现学校的教育目标以及教育内容，只有高水准的思想政治教育才能真正培养出优秀的社会主义接班人，能让教师与学生高效互

---

① 刘福州：《创新高校思想政治教育载体》，《光明日报》2009 年 8 月 12 日，第 11 版。

动、共同研究学术、提升自身素质。

信息化时代，互联网技术的飞速发展也为高校的思想政治教育提供了具有现代化特色、网络特色以及信息化特色的"智能化"载体和手段。这种新型"智能化"信息传播方式，能让学校以更加高效的方式进行思想政治教育。在科技飞速发展、信息技术不断进步的时代，高校的思想政治教育也展现出信息化教育载体的多样性和智能化，从各个角度发挥教育作用，为学生提供教育服务。特别是高校作为具有开放特性的社会单元，其内部环境往往能够与外部环境进行紧密地结合。这意味着高校无法拒绝信息技术以及新科技带来的变革，而且由于高校是高级知识分子集聚地的特殊性质导致其往往会成为新科技的前沿阵地，大学生常常成为高科技和信息技术的使用者以及追随者。如果从马克思主义矛盾动力论的角度对其进行分析，会发现信息技术、新媒体等"智能化"载体能够促进高校思想政治教育的高效开展。信息时代是海量信息层出不穷的时代，也是信息被整合、被高效利用的时代。高校在进行思想教育的过程中也是如此，应利用微信、QQ等新型"智能化"载体手段将传统的知识载体加以变革，从多个角度对学生进行教育。可以说，新媒体的诞生能让高校在进行思想政治教育的过程中利用新的"智能化"载体提升自己的教育效果。如果从传统的思想教育角度对高校的交流方式进行分析，会发现课堂讨论、主题班会、口号宣传等活动都是学校常用的教学方式，但大学生在这些教学活动之中往往处于被动状态，积极性较低，这直接导致教学效果较差，学生在这个过程中自身的政治鉴别能力并没有得到大幅度提高。与此同时，传统教学方式采取了一对多的教学模式，意味着教师在授课过程中很难关心到每一位学生，没办法展开具有极强针对性的教学活动。这种情况下，大学生也没办法及时将自己的思想体系以及学习需求反馈给教师，这直接导致针对大学生展开的思想政治教育课程效果有所降低，学生的学习能力并没有因该课程而得到显著提升。但是如果在信息化条件下对学校的教学行为进行分析，会发现教师可以在这个过程中使用互联网教学平台、微信交流平台、数字电视平台、手机移动终端平台、微博平台等"智能化"载体进行思想政治教育。大学生可以利用这些学习平台、信息交流平台等"智能化"载体快捷地了解信息、掌握信息，潜移默化地提升自身思想素质。大学生可以在网络虚拟世界中真正地敞开心扉，以自己喜欢的方式学习知识。这种新型的"智能化"载体将会打破传统的主客体位置。教师不再是绝对的主体，而学生也不再是绝对的客体。学生与教师之间创建更加高效的信息交流渠道，自我教育活动、积极教育活动以及具有针对性的各项教育活动将会在互联网这一"智能化"载体上展开。

（四）高校思想政治教育环境"网络化"

"思想政治教育环境是构成思想政治教育过程的要素之一，是思想政治教育体系的外部条件，是人的思想品德形成和发展的客观基础。"[①]思想政治教育环境是一个多层次、多侧面、多要素的复合环境结构，对人的政治思想品德的形成和高校思想政治教育全过程有着重要影响。高校思想政治教育环境对人政治思想品德的影响不是强制的、有形的，而是无形的、潜移默化的，更多起到感染熏陶和潜移默化的作用，好的高校思想政治教育环境还会对人的思想品德具有约束和规范作用。

互联网技术的应用为高校思想政治教育提供现代化的信息手段和新的传播渠道，拓展高校思想政治教育环境的网络新空间。信息化时代，每一个人都生活在信息爆炸的现实社会，同时又生活在网络虚拟环境。网络生活已经成为现代人生活过程中必不可少的重要组成部分，互联网也成了现代人最常用的信息查询方式、信息发布方式，以及娱乐生活方式。人们对网络的依赖性越来越强，甚至可以说现有的信息环境已经让多数人无时无刻不需要网络，多数时间都使用网络。在网络环境中的相互交流能够突破

---

① 张耀灿、郑永廷等：《现代思想政治教育学》，北京：人民出版社，2006 年，第 294 页。

时间和空间界限。人与人的"距离"越来越近，人际关系的扁平化发展方式越发明显。从理论上讲，每一个人都可以利用互联网与这个世界的任何其他人直接产生交流，并且利用互联网互相交换数据。

互联网的存在能让任何地位、任何年龄、任何身份、任何国籍的人平等地上传信息、使用信息、下载信息。人们可以在互联网上平等地交往，真正地拉近了人与人之间的距离，让具有不同特点的群体能够进行更加频繁的交流。与此同时，我们也应意识到网络的存在还带来了众多其他方面的变化。比如网络环境的改变就对大学生的品德养成过程产生了影响。研究人员认为现在对青年学生品德影响的重要性次序逐渐从"家庭—学校—同学—网络"，转换为"网络—同学—学校—家庭"。网络的开放特性、互动特性以及直观特性是毋庸置疑的，这意味着人们在浏览信息的过程中，将会有更强的感性感受以及直觉感受。在这个过程中，大学生的思维观念以及行为方式将会受到潜移默化的影响。信息在网络中的传播，能在极短的时间内掀起信息浪潮甚至掀起思潮，人们的从众心理将在这个过程中被多次强化。网络之中的信息同步功能、信息公开功能既让教育者以及信息获取者以更快的方式得到自己所需的数据，与此同时也大幅度增加了教育者帮助受教育者隔离不良信息的难度。对于广大大学生而言，现在生活在完全网络氛围中，生活过程及学习过程都被网络数据包裹，海量的信息充斥在学生的生活、学习中。学校在进行思想政治教育时应意识到大学生教育工作也会消耗人们的时间，所以如何利用网络与其他信息争抢青年人的学习时间，让青年人在这个过程中受教育便成为高校思想政治教育工作中极为重要的问题。

与此同时，互联网的信息储存能力、信息传播能力给学生的获取信息的方式带来了革命性变化，学生的阅读方式以及思维方式逐渐转化为碎片化阅读方式。信息链接的存在让人们的发散思维逐渐展现，跳跃性思维也在日常的生活与学习中逐渐强化，但人们的注意力、集中能力以及学习的专注度却在这个过程中大幅度下降，这也是高校在对学生进行思想政治教育时要面对的问题。在校的大学生在生活、学习的过程中，很有可能会接收到网络中各种各样的信息。这些信息有可能对大学生的价值观念产生负面影响，如果网络中的信息与学校的政治教育内容具有一致的价值观念以及行为标准，那么二者就会展现出互补特性，高校思想政治教育的效果就会加强，大学生的思想素质也会得到提高，但互联网中的信息与思想政治教育的要求和内容背道而驰，那么学校的思想政治教育作用将会被大幅度弱化。对此，学校再无法也不能阻止学生利用网络、使用网络的情况下，就尽量要让积极向上的信息占据网络空间。

三、信息化时代高校思想政治教育呈现新矛盾

信息化时代，高校思想政治教育的发展进入了新的阶段，高校思想政治教育的矛盾也随之发生了新的变化。准确理解和把握信息化时代高校思想政治教育的新矛盾，是实现信息化时代高校思想政治教育创新的重要前提。

（一）"信息进化"与"信息异化"之间的矛盾

从总体上看，技术是由低级到高级、简单到复杂的方向进化的，这个过程同时也是人类社会不断向前发展的过程，也就是技术进化。"信息进化是技术进化的一种，指信息技术在从低级到高级、从简单到复杂的发展过程以及信息本身不断复制、增殖的过程。整个人类的进化史，同时也是一部人类信息活动的演进史。"[①]在人类整个历史发展中，经历了多次巨大的信息变革。每一次信息变革都对人类社会的发展产生过巨大的推动作用，使之产生飞跃式的进步。

---

① 霍福广、刘社欣等：《大学生信息素养与思想政治教育信息化研究》，北京：人民出版社，2008年，第86页。

电子计算机产业与通信产业的融合让人们真正进入了信息高速发展的时代。信息化的发展方式推动了人类社会的进步，也让人的全面发展、自由发展成为可能。现代信息技术是人的感官与器官的另一种延伸，让人们的生存空间逐渐宽广起来，创造出了更加多样的交往方式以及社会活动方式。在这个过程中，社会关系及人伦关系都被重新定义，人们的思想准则以及思维方法被潜移默化地改变。信息化时代前，人们往往通过采取具有标准特征以及统一特征的方式评定信息，这也是工业化时期的固有特点。从人类的发展历看，人们总是希望能用更加多样的表达方式、更加自由的表达办法进行信息交流。随着经济的发展，人们步入了信息化社会。信息知识体系已经成为帮助人们高效发展的重要因素，这也是衡量人们发展速度的重要指标。通过连接全球的信息网络，可以让每一个行为主体都直接融入社会中，并且在社会内部发挥自己的作用、表达自己的观点。个体的发展已不再局限于地理属性或者物理属性之上，文化的局限性也已经被打破。每一个人都可以摄取网络世界的营养从而提升自己的能力、促进自己的发展。"数字时代不只是机器聪明的时代，更是人类通过网络，整合智慧、知识和创造力，在财富创造及社会发展上有所突破的时代"，"网络时代可能是第一个以网络智慧解决问题、创新发明、并将个人意识延展至组织意识的时代。"[①]大学生在其发展过程中需要强力的数据支持，这就意味着大学生将会成为网络主力军，他们积极地利用网络来收集互联网中的智慧，并以此为基础展现个人的能力；大学生可以利用互联网在知识的海洋里无限遨游，也可以利用网络创造信息、加工信息、传播信息。在这个过程中，互联网内部的数据将会不断增值，并在数量与质量两个方面不断延伸，新的知识、新的理念也会逐渐产生。大学生在互联网中能够探索世界、开阔视野、彰显个性。随着信息技术的不断进步，他们的自主性以及

---

① [美]唐·泰普斯科特：《数字化成长：网络世代的崛起》，陈晓开译，大连：东北财经大学出版社，1999年，第294页。

独立性将会被着重展现，人类社会将会以更加迅猛的速度向前发展。

飞速发展的信息技术推动人类社会进入了信息化时代，但一些人却没能正确处理好自身与信息技术的关系。如果正确看待并利用信息技术，其可以成为人们实现全面发展的有力工具。但如果迷失在网络虚拟世界之中，人们却反而会被技术所异化，丧失自我而成为技术的附庸。在当前的信息化时代背景下，这种情形并不罕见。由于对信息技术的过度崇拜，一些人逐步失去了自己的主体性，人格也越来越脆弱，甚至逐渐失去了社会责任感。信息异化的情形将人推进了发展的困境，"不少人已经习惯于虚拟化符号化的网络信息世界，回避现实的矛盾，疏远淡化亲情、友情、爱情，忽视了现实生活中的德性与情感，人被信息同化，成为像信息一堆冷冰冰的数字符号工具，人之为人的本性随之丧失，这就是信息异化"[1]。在信息技术的支持作用下，高校的学生拥有了更为便捷的学习与生活方式，互联网深入到了学习、生活的方方面面，各种现实之中的功能都可以通过网络更为高效地实现。因此，一些学生便对信息技术产生了崇拜的心理，误认为信息是当前时代一切成就的来源。在现实生活中，这种思想所促发的行为十分常见。比如一些学生准备考研的过程会苦苦搜寻各种押题信息，试图通过这些信息替代自身的努力。如果无法得到这些信息就会产生焦虑的情绪，这就是崇拜信息的现实体现。事实上，信息无处不在，它是广泛的，也是零散的，信息本身并不构成知识。只有经过人为的搜寻、整理与总结后才能形成知识。如果缺乏人的参与，那么信息就只是无用的数据或文字，没有任何的价值。所以，信息的价值是由人所创造的，而信息技术则是人们传播信息的工具与媒介，其主体依然是人。盲目崇拜信息是不现实的，只有人的参与才能让信息具有价值，也只有服务于人才使信息具有意义。

---

[1] 霍福广、刘社欣等：《大学生信息素养与思想政治教育信息化研究》，北京：人民出版社，2008年，第51页。

　　另一方面，网络沟通的虚拟性使大学生网民无法正确认识自身社会角色，从而造成新的异化。"技术，作为工具领域，既可以增强人的力量，也可以加强人的软弱性。现阶段，人也许比以前更无力支配他的设备。"[①]过度地沉溺于网络事件，不仅不利于良好的社会关系的建立，还会阻碍人的发展。"现在，互联网络使一些青少年长时间沉溺于电子世界中，现实生活和网络世界割断了联系，已成为特定的社会问题。"[②]

　　对于网络信息技术自身来说，这种异化情况也会对其后续发展起到阻碍的作用。在网络信息技术出现与发展的过程中不可避免地出现一些与初衷相背离的情形，而信息技术的异化就是在人的预料之外的，并且这种意外是消极的，既不利于人彰显自己的本质，也不利于信息技术的演变。技术的发展是一把双刃剑，一方面可以改善人的生活，让人通过技术实现认知与实践能力的提升；另一方面却可能会破坏人的认识与能力，让人的存在逐步偏离其本质。随着信息化时代的发展，人类社会不得不面临这样的冲突，一方面信息技术是以服务于人为初衷而创造的，另一方面随着信息技术的发展，人却已经成为信息技术的附庸。此时，并非人控制信息，而是信息控制人。从表层来说，这种"被控制"体现在人已经无法脱离技术而维持正常的生活。人所创造的事物或反过来阻碍人的发展，摧残人的意志与能力，弱化人的主体性。此时将会对整个社会的发展造成阻碍作用。

（二）教育者主导性与受教育者自主性之间的矛盾

　　教育者主导性与受教育者主体性这一对基本矛盾，在信息化时代体现得尤为明显。传统的教育模式下，受教育者只能通过指定的方式，在封闭的环境中、集中实现知识的获取。而教育者就是人们获取知识的唯一渠道，教育者通常会采取单方面传授的形式将自己所掌握的理论以及积累的

---

① 马尔库塞：《单向度的人》，重庆：重庆出版社，1988年，第199页。
② 王恬：《信息高速公路与未来社会五大趋势》，《社会学研究》1997年第3期，第45—49页。

经验传授给受教育者，此时话语权也将被教育者掌握，教育者在知识层面占据着主导性的权威地位。教育者掌握信息的时间要先于受教育者，整个教育活动之中，教育者占据核心位置，并对教育过程以及受教育者的状态等进行观察，从而对自身的教学方法加以调节，进而促进教育活动的顺利开展。具体来说，教育活动的开展者被国家和社会给予了实施教育活动的权利，教育者将会依据自身所掌握的理论、技能与素养行使这种权利，通过教育活动来塑造受教育者的认知，影响其价值选择。开展教育活动的过程中，教育者将会依据指定的目标，依托于自身持有的政治理论知识和教学技巧来帮助学生对复杂的自然与社会建立起正确的认知，准确地认识到个体与集体、人与自然等多个层面的关系，进而形成与社会的发展方向相一致的价值取向，形成完善的道德品质。教育者所拥有的这种主导性权威是其顺利实现教育效果的无形力量，也是教育活动稳定运作的一种保障。

信息化时代，单纯的信息接收者这一概念已不复存在。信息技术催生了各种媒体平台，互联网能够实现多个主体的高效信息传输，在网络平台上的信息传递也不再是传统传媒模式之中自上而下的传递，教育活动双方在信息资源方面已趋于平等，所有个体都可以成为信息的创造者、传播者以及接受者。这种媒体环境呈现出了更为开放、平等和民主的特征，个体可以更为高效而便捷地进行信息的获取与传递，同时互联网平台也为更多个体提供了创造信息、传播信息的机会，这在无形中也进一步加强了个体的自我意识。一些受教育者由于对信息技术的掌握水平更高，其甚至可以通过互联网平台获得更加丰富的信息。此时自我教育的主体性、重要性不断提升，甚至已经超出了通过教育者来获得知识的层面。正如一些学者所提出的那样，在虚拟环境之中，"信息权力已经分散到了数以百万计的电脑之中"，"它们成了分散的中心，不仅是阅读、收听和收看的中心，而且是生产和广播的中心"。①主体和客体之间能够进行信息交互，双方的身份也可能会发生替换，此时交流对象的思想将会潜移默化地对个体产生影响，并且这种影响的方向具有一定的不确定性，可能会诱导个体对社会产生错误的认知，造成自身"知"与"行"之间的矛盾。特别是在网络监管滞后的条件下，一旦当网络上的信息与思想政治工作者灌输给受教育者的信息之间出现偏差或冲突时，受教育者如若没有坚定的政治立场，很可能会对思想政治工作者的知识权威产生怀疑，并由此产生新的矛盾，而这些问题都是信息化时代高校思想政治教育创新所面临的困境。

（三）精神文化生活新期待与网络信息有效供给之间的矛盾

物质需要和精神需要是人的两种基本需要，人的发展离不开"需要"的发展，需要的发展构成了人的发展的重要侧面甚至是核心，"需要"的丰富和发展是人全面发展的重要内容和体现。在马斯洛的需求理论中，人的需求具有层次性的特征，从最低层次到最高层次依次为对生存、安全、情感、尊重以及价值实现的需求。信息技术的发展为后三种高级需求的实现创造了客观条件，这也是许多人青睐网络空间的原因。网络空间允许人们开展多元化的信息交互，通过多中心信息实现自己的需求。"需要的发展，从本质上提高着人、升华着人。"②如果个体只将其目光聚焦在对物质的需求之中，那么其精神需求将会长期处于被忽视的状态，其也无法实现全面的发展。在网络虚拟环境中，人们可以获取更多的信息，也可以向外界传递与表达自己的思想，此时人的需求将会在这一过程中得到满足。另外，信息技术的发展也带动了许多经济业态的出现，比如电商平台的建立就为人们的物质生活质量的提高起到了推动作用。可以说，互联网可以从物质与精神两个方面帮助人们实现需求。

---

① [美]保罗·莱文森：《数字麦克卢汉——信息化新纪元指南》，何道宽译，北京：社会科学文献出版社，2001年，第125页。
② 黄楠森：《人学原理》，南宁：广西人民出版社，2000年，第205页。

在信息化时代，人们对于生活的期待是全方位的，既希望得到物质的满足，也希望得到精神满足。与此同时，精神满足逐渐占据主导地位已经成了发展的趋势。20世纪80年代后，中国改革开放的程度逐渐加深，中国的物质建设以及文明建设也在这个过程中取得了极大成就，人们的生活水平不断提升，并为美好生活奠基。习近平总书记指出，"我国社会正处在思想大活跃、观念大碰撞、文化大交融的时代，出现了不少问题。其中一个比较突出的问题就是一些人价值观缺失，观念没有善恶，行为没有底线"，"不讲对错，不问是非，不知美丑，不辨香臭，浑浑噩噩，穷奢极欲"①。这就说明人们的物质生活虽然有所提升，但是精神生活依然有待提升。特别是随着互联网与现实生活的不断融合，网络与现实的边界日渐模糊，虚拟世界和现实世界的交融重叠日益显著，这也对高校思想政治教育的开展提出了挑战。许多高校学生试图通过互联网实现精神需求。然而人的精神需求和网络环境之中无序化、混乱化的信息之间构成了矛盾。如果不能化解这种矛盾，那么互联网之中的信息就无法有效地对人精神需求的实现起到积极作用，这也要求高校思想政治工作者必须对网络环境之中的信息进行引导。另外，网络信息环境也一直是高校思想政治教育工作的重中之重，是开展高校思想教育活动的全新场景。基于此，在互联网环境中开展的高校思想政治教育将面临一种新的矛盾关系。

一方面，高校的思想政治教育是在网络空间满足人们精神需求的一种方式，承担着树立正确价值观、防范意识形态风险、共创精神家园的使命。具体来说，高校思想政治教育往往会通过正确信息的供给满足学生的精神需求，并以学生能接受的方式将优质的精神文化内容输送到学生的脑海中，从而将精神需求与现实精神相结合，切实达成教育目的。苏联的教育专家苏霍姆林斯基曾在其论述中明确表示，"每个人都有自己的精神需

---

① 中共中央文献研究室：《习近平关于社会主义文化建设论述摘编》，北京：中央文献出版社，2017年，第39页。

求和兴趣没有这样一个无所不包的集体是能够完全满足所有这些需求和兴趣的"[1]。每个人在生活中都会有其独特的精神需求以及爱好,如果一个集体不能将其加以包括那么这个集体是没有办法满足其内部成员发展需求的。对于高校思想政治教育而言亦是如此,必须满足学生的精神需求,并在这个过程中积极地对高校学生进行教育引导。

另一方面,高校的思想政治教育是满足人们生活需求以及精神需求的重要内容。当前,教育实践中存在网络思想政治教育不充分、网络思想政治教育体系不完善的现象,这意味着现有的网络思想政治教育体系无论从数量还是质量上都与目标供给能力有一定差距,没有办法完全满足人们的精神需求,存在学生精神需求与网络信息供给之间的矛盾,在接下来的教育教学中,高校应该积极面对这个问题,从满足人们精神生活需求的角度入手,特别是从思想教育以及政治教育的角度提升人们的生活质量以及精神质量,为新时代的发展奠定基础。

本章小结

马克思指出:"人造就了环境,环境也造就了人。"高校思想政治教育总是处在一定的宏观和微观环境之中。社会环境的变化通过各种途径和方式,无时无刻不对高校思想政治教育起着潜移默化的影响和作用。本章对我国当前信息时代高校思想政治教育创新的境遇进行了梳理,从信息化时代高校思想政治教育宏观环境的变化入手,总结出了四个"新"的表现,即"信息经济"成为经济高质量发展新引擎;"电子政务"成为政治治理新方式新手段;"智慧社会"成为社会发展新趋势新追求;"新信息文化"成为文化发展新生态。从信息化时代高校思想政治教育微观形势的变化入手,总结出四个"化"的表现,即高校思想政治教育主体主导方式"技术

---

① 苏霍姆林斯基:《帕夫雷什中学》,北京:教育科学出版社,1983年,第2页。

化"；高校思想政治教育对象生存状态"虚拟化"；高校思想政治教育载体"智能化"；高校思想政治教育环体"网络化"。最后在剖析出当前信息化时代高校思想政治教育宏观环境变化和微观形势变革的基础上，指出了信息化时代高校思想政治教育呈现出的新矛盾，即信息在进化与异化过程中出现的问题；施教者与受教者之间所出现的矛盾；美好精神生活需要与网络信息供给之间的矛盾。

第三章　信息化时代
高校思想政治教育创新现状调查

高校思想政治教育创新是一项实践性极强的教育活动，"不应是纯理论的研究，要经过大量的社会调查来发现问题，提出假设，然后用实证材料来证实观点"[①]。所以，本章利用问卷调查法对高校思想政治教育创新问题进行实证调研，为后文信息化时代高校思想政治教育创新对策研究奠定了扎实的实证基础。

一、实证调研的设计与实施

（一）定量研究的设计与实施

基于信息化时代背景下高校思想政治教育创新的理论框架和信息传播的一般模式，本书从信源（素养、理念）、信道（方法、载体）、信宿（素养、理念）与整体（理念、方法、载体、机制）四个维度设计调查问卷。如表2所示。

1.维度指标设计与操作化定义

"信源"维度上，调查信息化时代背景下高校思想政治教育主体的理念和信息化意识。研究以认同度作为评价信息化时代高校思想政治教育主体的理念和信息化意识的二级指标。指标操作化定义上，把高校思想政治理论课教师对待信息技术的评价、大学生对信息化时代背景下信息技术应

---

① 金一鸣：《教育社会学》，南京：江苏教育出版社，2000年，第9页。

用到高校思想政治理论课的认同度、如何评价高校微博及微信平台信息宣传的价值观塑造作用等作为评价内容。

"信道"维度上，调查信息化时代背景下高校思想政治教育方法及载体的实效性。研究以参与度作为评价信息化时代高校思想政治教育方法、载体的二级指标。重点调查了高校思想政治理论课教师在日常及教学过程中信息技术与教育教学的结合程度、大学生与辅导员、班主任通过QQ、微博、微信、抖音、快手等新媒体沟通交流的频率，教师对学生在新媒体等社交软件上发布的信息的回复频率，高校利用微信公众号、官方微博、门户网站等途径进行信息更新的频率，高校采用微课、慕课等新媒体开展教学活动的频率，以此来测量信息化时代背景下高校思想政治教育的参与度。

"信宿"维度上，调查信息化时代背景下大学生的接受实效性与接受环境实效性。研究以满意度作为评价信息化时代背景下大学生接受环节实效性的二级指标，以凸显信息化环境对高校思想政治教育实效性的影响。重点调查大学生如何评价辅导员、班主任和对思想政治理论课教师通过QQ、微博和微信等软件进行日常生活、学习及思想交流的效果，如何评价高校思想政治理论课教师采用的微课、慕课及翻转课堂等新媒体教学方法的效果，以此来测量大学生对信息化时代背景下高校思想政治教育的满意度。

"整体运行"维度上，主要调查信源、信道与信宿三个环节的有机整合情况，即是高校思想政治教育的整体运行机制。研究以结合度作为评价信息化时代高校思想政治教育创新的二级指标。重点调查信息化时代背景下教师应具备的素质、思想政治理论课的教学方法如何进行改进、利用信息技术及资源进行思想政治教育的建议等。

表2　信息化时代高校思想政治教育创新调查问卷指标设计

维度	维度指标	指标操作化定义
信源	认同度	评价信息化时代高校思想政治教育主体的理念和客体信息化意识
信道	参与度	评价信息化时代高校思想政治教育方法、载体
信宿	满意度	评价信息化时代背景下大学生接受环节实效性
整体	结合度	信源、信道与信宿三个环节的有机整合程度

2.问卷编制

教师调查问卷在编制时参照信源、信道、信宿与整体四个维度进行问卷设计，题型包含单选题和多选题。其中，单选题共7题、多选题共8题，详情请参阅附录A。其中：

"信源"维度共4题，其中3题为单选题、1题为多选题，主要考查当前信息化时代高校思想政治教育取得的成效和存在的问题，目标归类整理后，可总结为对高校思想政治教育的教育理念的考查；

"信道"维度共6题，其中2题为单选题、4题为多选题，主要考查当前信息化时代高校思想政治教育取得的成效、存在的问题及问题产生的原因，目标归类整理后，可总结为对高校思想政治教育的教育理念、教育方法、教育载体和教育效果的考查；

"信宿"维度共3题，其中2题为单选题，1题为多选题，主要考查当前信息化时代高校思想政治教育取得的成效和存在的问题，目标归类整理后，可总结为对高校思想政治理论课教育的教育理念的考查；

"整体"维度共2题，均为多选题，主要考查当前信息化时代高校思想政治教育创新的对策建议，目标归类整理后，总结为对高校思想政治教育的教育理念、教育方法、教育载体和教育机制的考查。详情请参阅表3。

表3　教师问卷设计情况

维度	维度指标	题目信息	考查目标	目标分类
信源	认同度	2.您认为信息技术对于教学工作的重要性	原因分析	教育理念
		4.您是否尝试使用信息技术提升教学的有效性	原因分析	教育理念
		5.您对于学生在新媒体平台上发布的信息会及时关注并反馈吗	原因分析	教育理念
		13.您认为信息化教学的能力（多选）	原因分析	教育理念
信道	参与度	1.您在教学工作中，一般制作哪种教案	存在的问题	教育载体
		3.您在课堂教学中使用信息技术的频率	存在的问题	教育理念 教育载体
		8.您平时工作、学习和生活中主要使用下列哪种信息载体获取信息（多选）	取得的成效	教育方法 教育效果
		9.您日常使用的多媒体软件有哪些（多选）	存在的问题	教育载体 教育效果
		10.您将信息技术主要运用于（多选）	取得的成效	教育方法
		11.在课堂教学过程中，您运用最多的信息化教学工具是（多选）	存在的问题	教育载体
信宿	满意度	6.您在应用信息技术进行教学与研究时，最缺的是什么	存在的问题	教育理念
		7.您希望信息技术对课堂教学的哪个方面起有效促进	取得的成效	教育理念
		12.您选择和使用信息化教学工具的目的是（多选）	取得的成效	教育理念
整体运行	结合度	14.您认为最需要的信息化资源是（多选）	对策建议	理念、方法 载体、机制
		15.您认为信息化时代背景下教师应具备的素质有哪些（多选）	对策建议	理念、方法 载体、机制

　　学生问卷在编制时参照信源、信道、信宿与整体四个维度进行问卷设计，题型包含单选题和多选题。其中，单选题共14题、多选题共6题。详情请参阅附录B。其中：

　　"信源"维度共2题，均为单选题，主要考查当前信息化时代高校思想政治教育取得的成效，目标归类整理后，可总结为对高校思想政治教育的教育理念的考查；

"信道"维度共8题，单选题共4题、多选题共4题，主要考查当前信息化时代高校思想政治教育取得的成效、存在的问题及问题产生的原因，目标归类整理后，可总结为对高校思想政治教育的教育理念、教育方法、教育载体和教育效果的考查；

"信宿"维度共8题，均为单选题，主要考查当前信息化时代高校思想政治教育取得的成效，目标归类整理后，可总结为对高校思想政治教育的教育效果的考查。由于高校思想政治教育的教育效果与教育理念、教育方法和教育载体等的息息相关，故而也在一定程度上反映了高校思想政治教育教育理念、教育方法和教育载体等的实效性；

"整体"维度共2题，均为多选题，主要考查当前信息化时代高校思想政治教育创新的对策建议，目标归类整理后，可总结为对高校思想政治教育的教育理念、教育方法、教育载体和教育机制的考查。详情请参阅表4。

表4　学生问卷设计情况

维度	维度指标	题目信息	考查目标	目标分类
信源	认同度	6.通过信息技术接受思想政治教育的可行性	取得的成效	教育理念
		11.您认为高校微博及微信平台的信息宣传对您的价值观塑造是否有帮助	取得的成效	教育理念
信道	参与度	7.您平时学习和生活中获取信息的载体是（多选）	取得的成效存在的问题	教育载体
		8.您平时学习和生活中主要关注的信息是（多选）	存在的问题	教育方法
		9.您关注的学校或院系的官方媒体有哪些（多选）	原因分析	教育载体
		10.贵校的官方微博和微信平台信息的发布和更新频率如何	存在的问题	教育理念教育载体

维度	维度指标	题目信息	考查目标	目标分类
信道	参与度	12.您的辅导员和班主任的微博、微信的更新频率如何	存在的问题	教育理念教育载体
		13.您与辅导员和班主任通过QQ、微博或微信进行日常生活、学习及思想交流的情况	取得的成效存在的问题	教育载体教育效果
		15.贵校的思想政治理论课采用过以下网络信息技术的教学形式吗?（多选）	取得的成效存在的问题	教育载体
		16.贵校思想政治理论课教学采用微课、慕课等新媒体教学的频率	存在的问题	教育载体教育效果
信宿	满意度	1.您对信息技术知识的了解程度	取得的成效	教育效果
		2.您的信息检索能力	取得的成效	教育效果
		3.您的信息选择能力	取得的成效	教育效果
		4.您的信息分类能力	取得的成效	教育效果
		5.您运用信息技术进行交流的能力	取得的成效	教育效果
		14.您对辅导员和班主任通过QQ、微博和微信进行日常生活、学习及思想交流的效果评价	存在的问题	教育效果
		17.您对思想政治理论课采用微课、慕课及翻转课堂等新媒体教学方法的满意度	原因分析	教育方法
		18.您对思想政治理论课教师通过QQ、微博和微信进行日常生活、学习及思想交流的效果评价	原因分析	教育方法
整体运行	结合度	19.您期望思想政治理论课的教学方法如何进行改进（多选）	对策建议	理念、方法载体、机制
		20.您对高校各部门、辅导员、班主任及教师利用信息技术及资源进行思想政治教育的建议（多选）	对策建议	理念、方法载体、机制

在调查问卷初步设计完成后，邀请省内高校12名思想政治工作者对评

价指标进行筛选与修正；在调查问卷修正完成后，邀请24位专家对问卷进行满意度调查。其中，91.67%的学者对教师问卷的内容结构表示比较满意或非常满意；95.83%的学者对学生问卷的内容结构表示比较满意或非常满意。问卷整体内容效率较高，符合实测标准。此外，本书采用统计分析法对数据进行统计。

3.样本人口统计学特征

此次调查的对象均为在校大学生，选择的学校包括哈尔滨工业大学、哈尔滨工程大学、东北林业大学、东北农业大学、黑龙江大学、哈尔滨师范大学、哈尔滨理工大学、哈尔滨医科大学、黑龙江中医药大学、哈尔滨商业大学、黑龙江科技大学、哈尔滨学院共十二所高校的大学生作为抽样框架。选取的院校层次涵盖"双一流"建设高校（一流建设大学和一流建设学科高校）和普通高校；院校类型包含了教育部直属院校、省属院校和市属院校。调查的学生涵盖了本科生（大一、大二、大三和大四）和研究生（硕士研究生、博士研究生）。本次调查发放学生问卷1612份，回收有效问卷共1526份，有效率为94.67%；高校思想政治理论课教师问卷总计224份，回收有效问卷215份，有效率为95.98%。

本次问卷调查对参与的学生进行了划分：按照性别分类，其中男生为789人，占比51.7%；女生为737人，占比48.3%。按照年级分类，其中大一学生为312人，占比20.45%；大二学生为236人，占比15.47%；大三学生为301人，占比19.72%；大四学生为309人，占比20.25%；研究生为368人，占比24.12%。按照学科类别分类，其中文科生712人，占比46.66%；理科生为814人，占比53.34%。详见表5。

表5　学生问卷调查样本的统计特征

项目	分类	人数	百分比
性别	男	789	51.7%
	女	737	48.3%
年级	大一	312	20.45%
	大二	236	15.47%
	大三	301	19.72%
	大四	309	20.25%
	研究生	368	24.12%
文理	文科	712	46.66%
	理工科	814	53.34%

（二）定性研究的设计与实施

1.访谈对象的选取

定性研究采用网络访谈形式，访谈对象涉及教育主管部门领导、高校党委领导、高校思想政治理论课教师、学生辅导员、班主任及学生工作干部等，样本范围为黑龙江地区的十二所高校，共计48人。其中，思想政治工作者8人、高校思想政治理论课教师14人，大学生26人，男性约占40%，女性约占60%。

2.访谈问卷的设计与实施

访谈人员组成大致分为三类，第一类为教育主管部门领导、学校党委领导和党委主管部门领导、学校团委、学生工作部、招生就业处工作人员、辅导员、班主任等；第二类为高校思想政治理论课教师；第三类为大学生。

访谈提纲的题目数量中第一类人员共5题；第二类人员共5题；第三类人员共6题。

访谈提纲的题目内容中从信息化时代高校思想政治教育"取得的成效""存在的问题""存在问题的原因"及"对策建议"四个维度进行设

计，参考表6。

表6 访谈提纲构成情况

题目设置标准	具体内容
人员组成	思想政治工作者，包括教育主管部门领导、学校党委领导和党委主管部门领导、学校团委、学生工作部、招生就业处工作人员、辅导员、班主任等
	高校思想政治理论课教师
	大学生
题目维度	取得的成效
	存在的问题
	原因分析
	对策建议
题目数量	第一类人员共5题
	第二类人员共5题
	第三类人员共6题

　　根据以上的访谈提纲构成要求设计了访谈提纲的具体内容，如表7。由于部分访谈题目在设计时为了最大限度地为受访者提供更多思考的空间，获取更多的有用信息，题目内容有时会涉及2个或2个以上维度，故而在表7中会出现维度间题目重复的问题。具体访谈详情请参阅附录C。

表7 访谈题目信息表

维度	人员	题目内容
取得的成效	思想政治工作者	1.您认为信息化时代高校思想政治教育创新是否必要？
		2.请您结合工作实际，谈谈目前信息化环境下高校思想政治教育创新主要应体现在哪些方面？效果如何？
	高校思想政治理论课教师	1.您认为信息技术对高校思想政治理论课教学效果有无影响？具体表现在哪些方面？
		2.您在高校思想政治理论课教学中是否有利用信息技术进行了哪些教学模式改革？如果有，效果如何？
		3.您在开发微课、慕课以及采用微课与慕课教学形式的过程中有哪些经验？遇到了哪些困难？
	大学生	2.您与思想政治工作者、思想政治理论课教师和同学们通过QQ、微博或微信进行日常生活、学习及思想交流的情况？

维度	人员	题目内容
存在的问题	思想政治工作者	3.目前，信息化环境下高校思想政治教育创新您认为面临的挑战有哪些？其中最大的挑战是什么？
		4.您认为信息化环境下高校思想政治教育创新方面还存在哪些突出问题？存在哪些阻力？
	高校思想政治理论课教师	2.您在高校思想政治理论课教学中是否有利用信息技术进行教学模式改革？如果有，效果如何？
		3.您在开发微课、慕课以及采用微课与慕课教学形式的过程中有哪些经验？遇到了哪些困难？
	大学生	3.您对思想政治工作者、思想政治理论课教师和同学们通过QQ、微博和微信进行日常生活、学习及思想交流的效果评价？
		4.信息化环境下请结合自己和周围同学的情况，说说你们都有哪些思想问题和实际困难？
存在问题的原因	思想政治工作者	4.您认为信息化环境下高校思想政治教育创新方面还存在哪些突出问题？存在哪些阻力？
	高校思想政治理论课教师	1.您认为信息技术对高校思想政治理论课教学效果有无影响？具体表现在哪些方面？
		3.您在开发微课、慕课以及采用微课与慕课教学形式的过程中有哪些经验？遇到了哪些困难？
	大学生	4.信息化环境下请结合自己和周围同学的情况，说说你们都有哪些思想问题和实际困难？
对策建议	思想政治工作者	5.目前，您认为信息化环境下高校思想政治教育创新的对策有哪些？请举例说明。
	高校思想政治理论课教师	4.为了提高信息化环境下高校思想政治理论课教学的有效性，您认为需要在教材内容方面做哪些改进？
		5.您认为信息化环境下比较有效的高校思想政治理论课教学方式和手段有哪些？
	大学生	1.您认为信息化时代背景下提高大学生思想政治教育实效性应从哪些方面着手？
		5.信息化环境下同学们喜欢上思想政治理论课吗？您希望老师从哪些方面进行改进？
		6.您认为信息化时代背景下一个优秀的思想政治教育者应该具备哪些素质？

访谈后，将访谈的具体内容按照"取得的成效""存在的问题""存在问题的原因"及"对策建议"四个维度进行整理，提取不同对象观点间的关键性、共性词句，并将主要观点对应的要点进行整理。

在"取得的成效"维度对访谈对象的主要观点进行了梳理，发现受访者对于信息技术对高校思想政治教育创新的优势作用呈肯定态度，认为信息技术的发展为高校思想政治教育创新发展提供了技术支撑，特别是从近些年的发展来看，高校思想政治教育创新发展取得了一定的成效，其中包括教师教学能力得到提升、学生学习积极性得到提升、教育效果更加明显，教育实效性明显加强等，如表8所示。

表8　"取得的成效"维度的基本信息整理

维度	目标人物	题目信息	主要观点	观点整理
取得的成效	思想政治工作者	您认为信息化时代高校思想政治教育创新是否必要？	1.有助于对于提高教师教学效果 2.有助于提高课堂教学实效性 3.有助于吸引大学生	1.教师教学能力得到提升 2.教学效果明显 3.提升大学生对教育的认同
		请您结合工作实际，谈谈目前信息化环境下高校思想政治教育创新主要应体现在哪些方面？效果如何？	1.教学资源更丰富 2.教学载体更多样 3.教学过程更精准	优质资源的获取更便捷
	高校思想政治理论课教师	您认为信息技术对高校思想政治理论课教学效果有无影响？具体表现在哪些方面？	1.有助于提高教师的课堂教学效果 2.有助于获得更丰富的教学资源 3.教学形式更加多样	1.教学效果明显 2.教师教学能力得到提升
		您在高校思想政治理论课教学中是否利用信息技术进行了哪些教学模式改革？如果有，效果如何	1.慕课 2.微课 3.翻转课堂	教育信息化建设成效显著

维度	目标人物	题目信息	主要观点	观点整理
取得的成效	高校思想政治理论课教师	您在开发微课、慕课以及采用微课与慕课教学形式的过程中有哪些经验？遇到了哪些困难？	1.加强了与学生的课堂交流 2.教学形式更符合大学生的需求 3.教学更有针对性 4.提高了教学资源的利用率	1.教学效果明显 2.学生的学习能力得到提升
	大学生	您与思想政治工作者、思想政治理论课教师和同学们通过QQ、微博或微信进行日常生活、学习及思想交流的情况？	1.交流较频繁 2.可以及时地和教师取得联系 3.学习的积极性更高	1.学生对教师更加认同 2.掌握学生的思想动态

在"存在的问题"维度对采访对象的主要观点进行了整理，发现受访者从自身的角度观察发现高校思想政治教育在创新发展中确实存在一些不足，其中包括不注重教学的创新、优质教育资源的共享不足、师生间缺乏沟通等，如表9所示。

表9   "存在的问题"维度的基本信息整理

维度	目标人物	题目信息	主要观点	观点整理
存在的问题	思想政治工作者	目前，信息化环境下高校思想政治教育创新您认为面临的挑战有哪些？其中最大的挑战是什么？	1.宏观：信息经济、网络强国战略、技术进步、"电子政务"、信息共享、资源共享、智慧社会、智慧教育、新文化形态等 2.微观：对教育的期待和要求变高、生存空间虚拟化、教育手段更多样、网络新空间的出现 3.矛盾：信息异化、信息垃圾	1.新信息经济时代 2.教育电子政务 3.智慧教育 4.新信息文化 5.教育环境"网络化" 6.教育载体"智能化" 7.信息异化 8.优质信息供给

续表

维度	目标人物	题目信息	主要观点	观点整理
存在的问题	高校思想政治理论课教师	您认为信息化环境下高校思想政治教育创新方面还存在哪些突出问题？存在哪些阻力？	1.传统教学方法日渐式微 2.师生间出现信息"鸿沟" 3.师生互动减少 4.缺乏优质资源共享	1.优质教育资源共享不足 2.师生间缺乏有效沟通 3.不注重教学创新
		您在高校思想政治理论课教学中是否有利用信息技术进行了哪些教学模式改革？如果有，效果如何	1.学校微博、微信公众号作用不明显 2.教师信息技术能力较弱	1.信息技术应用不足 2.教育载体管理缺失
		您在开发微课、慕课以及采用微课与慕课教学形式的过程中有哪些经验？遇到了哪些困难？	1.信息技术无法很好地支撑教学 2.教学方式的创新与教学内容陈旧的矛盾	1.信息技术开发不足 2.教学的方式与内容的有效平衡
	大学生	您对思想政治工作者、思想政治理论课教师和同学们通过QQ、微博和微信进行日常生活、学习及思想交流的效果评价？	1.有一定作用，但作用不显著 2.有时通过QQ、微博和微信的应用作用固化，只是用来消息通知	1.教育载体的作用有待提升
		信息化环境下请结合自己和周围同学的情况，说说你们都有哪些思想问题和实际困难？	1.渴望学习更多知识但老师的教学内容陈旧 2.教师传统的教学方法不符合年轻人的特点 3.课堂积极性差，不喜欢和老师互动	1.教育知识有待更新 2.教学方法有待创新 3.学生的积极性较弱

在"原因分析"维度对受访者的主要观点进行整理，发现受访者对于当前高校思想政治教育创新存在不足的原因进行较深入的思考，并从不同角度进行了阐释，总结来看主要集中于教师缺乏创新精神；教学方法单一

陈旧、创新性不足；不能有效利用当前的教育教学载体；学校在制度上、管理上没有起到很好的支撑作用等，如表10所示。

表10 "原因分析"维度的基本信息整理

维度	目标人物	题目信息	主要观点	观点整理
原因分析	思想政治工作者	您认为信息化环境下高校思想政治教育创新方面还存在哪些突出问题？存在哪些阻力？	1.教师创新发展的意识不强 2.教育观念因循守旧 3.教育方法缺乏创新 4.队伍人员不足 5.缺少学校各部门的支持 6.各部门间协调能力不足	1.教育理念滞后 2.教育方法创新不足 3.教育机制还不够完善
	高校思想政治理论课教师	您认为信息技术对高校思想政治理论课教学效果有无影响？具体表现在哪些方面？	1.凸显了信息化时代信息技术发展和教师教学之间的矛盾 2.教师教学理念的滞后、教学方法的不足使得矛盾进一步加剧	1.教育理念呈现出保守性的特点 2.教育方法针对性较弱
		您在开发微课、慕课以及采用微课与慕课教学形式的过程中有哪些经验？遇到了哪些困难？	1.无法很好地将最新的教学形式和课堂进行结合 2.信息技术水平有限 3.缺乏创新的积极性	1.教育载体的整合运用效果不佳 2.创新积极性不足
	大学生	信息化环境下请结合自己和周围同学的情况，说说你们都有哪些思想问题和实际困难？	1.教师的教学理念没有及时跟社会的发展 2.教师的教学方法单一、守旧，缺乏很对性 3.课堂的互动性较差 4.学校的微信公众号和网站的内容更新缓慢	1.教育方法亟须创新 2.教育载体的使用和管理还需加强

笔者在"对策建议"维度对受访者的主要观点进行整理，发现受访者对于如何推动高校思想政治教育的创新进行了较深入的思考，并从不同角度进行了阐释，总结来看主要集中于教育理念、教育方法、教育载体和教育机制四方面，如表11所示。

表11 "对策建议"维度的基本信息整理

维度	目标人物	题目信息	主要观点	观点整理
对策建议	思想政治工作者	目前,您认为信息化环境下高校思想政治教育创新的对策有哪些?请举例说明。	1.提高思政课教师的专业素养 2.思政课教师要有坚定的政治信仰 3.学校要加大对思想政治教育创新的支持力度,包括教育经费、制定相关制度、各部门的协同联动 4.加大对网络舆情的监管	1.创新教育制度 2.创新教育理念
	高校思想政治理论课教师	为了提高信息化环境下高校思想政治理论课教学的有效性,您认为需要在教材内容方面做哪些改进?	1.教材内容要与时俱进 2.开发数字教材 3.设计数字教学资料包	创新教育载体
		您认为信息化环境下比较有效的高校思想政治理论课教学方式和手段有哪些?	1.可以开发教育短视频 2.打造网络学习空间,将更多的学生聚集到一起 3.开发教育网站 4.实现大数据、VR等信息技术与思想政治教育的结合 5.加强课堂教学设计	1.创新教育载体 2.创新教育方法
	大学生	您认为信息化时代背景下提高大学生思想政治教育实效性应从哪些方面着手?	1.要善于利用信息技术开发新的教学方法 2.及时更新教育内容	创新教育载体
		信息化环境下同学们喜欢上思想政治理论课吗?您希望老师从哪些方面进行改进?	1.利用微信、QQ、微博等载体加大师生间的互动 2.教学方法更多样、丰富,可以调动学生的积极性	创新教学方法
		您认为信息化时代背景下一个优秀的思想政治教育者应该具备哪些素质?	1.具有扎实的理论知识 2.具有较完备的知识体系 3.风趣幽默 4.教学方法更加灵活多样	提升思政教师能力

二、信息化时代高校思想政治教育创新取得的成效

近年来，以移动互联网、物联网、云计算、大数据等为代表的现代信息技术取得了重大技术突破和应用创新，对高校思想政治教育领域产生了巨大影响，为高校思想政治教育创新提供了巨大动力。

（一）教师教学能力和学生学习能力均得到提高

信息高速通向的地方就是高校思想政治教育信息到达的地方，信息技术的出现不仅提升了教师的教学能力，还提升了学生的学习能力，让教师和学生在高校思想政治教育上的"教"与"学"获得了共同提高。

传统的高校思想政治教育主要通过"点对点"的方式将理论知识传授给学生，"填鸭式"教学成为教师传授知识和解决问题的主要方法。高校思想政治理论课教师在教育内容和方向上起主导作用，具有明显的"控制"功能。但随着信息技术在学校日益广泛的应用，"多对多"的信息交流方式备受大学生喜爱，高校思想政治理论课教师也越来越认识到信息技术对教学工作的重要性。

教师调查问卷中的第13题调查了教师群体对信息化教学的能力重要性的认识。根据多重响应频率分析表显示，"13.您认为信息化教学的能力？"的分析项"能够借助信息化手段选择恰当教学策略、能够创设信息化教学环境，激发学生学习动机、能够遴选优质信息化教学资源、能够利用信息化手段优化组织教学过程、能够采用信息化手段进行教学、评价"卡方拟合优度检验的显著性P值为0.345，P值大于0.05，α =0.05时水平上不呈现显著性，接受原假设，意味着各项的选择比例比较均匀，没有显著性差异。

教师问卷调查结果显示，88.4%的教师通过创设信息化教学环境，激发学生的学习动力；82.3%的教师通过利用信息化教育手段对教育过程进行优化；81.9%的教师通过利用信息化手段提高教育能力，选择适当的教学策略；75.8%的教师利用信息技术选取优质信息化教学资源；71.6%的

教师利用信息化手段开展教学和评价（见表12）。可见，大部分高校思想政治工作者已经认识到了信息化时代对他们提出的更高要求，他们也正在努力学习使用互联网信息技术，实现信息技术与教学及日常管理的高效结合，达到"1+1>2"的效果。

表12　13.您认为信息化教学的能力？

多选题题项	N（计数）	响应率（%）	普及率（%）	X^2	P
能够借助信息化手段选择恰当教学策略	176	20.5	81.9		
能够创设信息化教学环境，激发学生学习动机	190	22.1	88.4		
能够遴选优质信息化教学资源	163	19.0	75.8	4.477	0.345
能够利用信息化手段优化组织教学过程	177	20.6	82.3		
能够采用信息化手段进行教学、评价	154	17.9	71.6		
总计	860	100	400		

注：***、**、* 分别代表 1%、5%、10% 的显著性水平。

在关于"信息技术对课堂教学的有效促进"的调查中，36.74%的高校思想政治工作者选择"教师的教学技能"，26.05%的高校思想政治工作者选择"学生的学习能力"，37.21%的高校思想政治工作者选择"师生的共同提高"，三者比例相差不大（见表13）。可见，在高校思想政治工作者看来，信息技术的应用对于课堂教学中的学生与教师都具有重要作用。

表13　7.您希望信息技术对课堂教学的哪个方面起有效促进？

选项	频数	百分比（%）	累计百分比（%）
师生的共同提高	80	37.209	37.209
教师的教学技能	79	36.744	73.953
学生的学习能力	56	26.047	100
合计	215	100	100

　　当前，很多高校思想政治工作者借助互联网了解和掌握国内外正在发生的政治、经济、社会等方面的信息，通过梳理和整合，借助网站、论坛、电子邮件等手段，再通过讲座、授课、咨询、答疑等方式及时地将党和国家路线、方针、政策、学科知识等教育资源传送至教育对象，传递科学的世界观、人生观、价值观，帮助教育对象正确地分析判断网上的信息，有效避免传统高校思想政治教育工作中的盲目性。不仅如此，受众单一的问题也得以解决，越来越多的人可以借助互联网进行课程学习，教师同样可以在线答疑，这种交互式的远程教育模式增强了高校思想政治教育工作的辐射力。

　　当前，大学生利用信息技术获取资源的能力普遍较高，对于促进学习有重要帮助。学生调查问卷显示，当前有26.28%的学生对信息技术知识的了解程度达到"非常熟悉"，有48%的学生对信息技术知识的了解程度达到了"基本熟悉"（见表14）。可见，当代大学生成长和生活在网络时代，基本都对信息技术比较了解。

表14　1.您对信息技术知识的了解程度？

选项	频数	百分比（%）	累计百分比（%）
基本熟悉	732	47.969	47.969
非常熟悉	401	26.278	74.246
知道一些	314	20.577	94.823
不太了解	79	5.177	100
合计	1526	100	100

　　对于"大学生的信息检索能力"这一问题，调查显示33.16%的大学生"精通检索工具和系统，精通信息检索的方法和技巧"，42.4%的大学生"熟悉检索工具和系统，熟练掌握信息检索的方法和技巧"（见表15）。

表15 2.您的信息检索能力？

选项	频数	百分比（%）	累计百分比（%）
熟悉检索工具和系统，熟练掌握信息检索的方法和技巧	647	42.398	42.398
精通检索工具和系统，精通信息检索的方法和技巧	506	33.159	75.557
能够运用简单的关键词通过搜索引擎找寻数据	343	22.477	98.034
不太会使用搜索引擎寻找数据	30	1.966	100
合计	1526	100	100

对于"大学生的信息选择能力"这一问题，调查显示40.63%的大学生"会利用技术工具对已有信息加以筛选，取得所需数据"，43.05%的大学生"能够对已有信息加以简单的筛选和使用"（见表16）。

表16 3.您的信息选择能力？

选项	频数	百分比（%）	累计百分比（%）
能够对自己有信息加以简单性的筛选和使用	657	43.054	43.054
会利用技术工具对己有信息加以筛选，取得所需数据	620	40.629	83.683
会初步对已有信息进行选择和使用	224	14.679	98.362
不加选择地把所有获取的信息都拿来使用	25	1.638	100
合计	1526	100	100

对"大学生信息分类能力"这一问题，调查显示37.28%的大学生可以将"收集到的信息进行精准归类和整理"，43.64%的大学生可以将"收集到的信息进行一般性的归类和整理"（见表17）。

表17 4.您的信息分类能力？

选项	频数	百分比（%）	累计百分比（%）
能够把收集到的信息进行一般性的归类和整理	666	43.644	43.644
能够把收集到的信息精准归类和整理	569	37.287	80.931
能够把收集到的信息进行初步地分类和整理	264	17.3	98.231
不能把收集到的信息进行归类和整理	27	1.769	100
合计	1526	100	100

对于"大学生运用信息技术进行交流的能力"这一问题，调查显示43.12%的大学生可以熟练使用信息技术进行交流，47.71%的大学生基本可以使用信息技术进行交流（见表18）。可见，九成多的大学生掌握了信息交流技术。

表18　5.您运用信息技术进行交流的能力

选项	频数	百分比（%）	累计百分比（%）
基本能使用	728	47.706	47.706
能熟练使用	658	43.119	90.825
在别人的帮助下使用	113	7.405	98.23
基本不太会使用	27	1.77	100
合计	1526	100	100

（二）高校思想政治教育优质资源的获取更便捷

对"信息时代高校教师的信息化教育素质和能力"的问题，专家表示，高校教师作为一线教学及管理者，他们的素养直接关系到工作成果和学生素养的形成。在信息时代背景下，为了适应新的变化和新的要求，他们努力丰富和优化自己的知识结构。传统的高校思想政治教育一般都是利用课堂教学，与学生进行面对面的交流，且由于课堂时间有限，灌输的教学方式可以帮助高校思想政治理论课教师在有限时间传授更多的知识。但这样一来，高校思想政治教育教学方法就过于单一，教育内容的传播也受到限制。信息化时代，信息传播突破了时空限制。借助于互联网，教育信息可以实现瞬时的大范围传播。网络中的信息种类繁多，涵盖了与人们日常工作、生活等密切相关的各类信息，也有很多党和国家现阶段的方针、政策、马克思主义经典著作等，内容涵盖面广泛，优质教育资源的可获得性显著提高。

对于高校思想政治工作者而言，教育信息的获取不再局限于书本和身边的生活，信息获取渠道更加广泛。在教师调查问卷部分，针对当前教师获取信息的方式进行了调查。根据多重响应频率分析表显示，"8.您平时工作、学习和生活中主要使用下列哪种信息载体获取信息？"的分析项：手机、网络、报纸、杂志、书籍、广播、电影、电视的卡方拟合优度检验的显著性P值为0.000***，P值小于等于0.05，α=0.05时水平上呈现显著性，拒绝原假设，意味着各项的选择比例比较呈现显著性差异，分布不均匀。调查结果显示，教师群体选择得最多的获取资源的途径是"手机"和"网络"，分别有95.8%和93%，其次是"电影"和"电视"，分别为78.1%和74.9%（见表19）。

表19　8.您平时工作、学习和生活中主要使用下列哪种信息载体获取信息？

多选题题项	N（计数）	响应率（%）	普及率（%）	X^2	P
手机	206	20.6	95.8	238.056	0.000***
网络	200	20.1	93		
报纸	54	5.4	25.1		
杂志	60	6	27.9		
书籍	74	7.4	34.4		
广播	75	7.5	34.9		
电影	168	16.9	78.1		
电视	161	16.1	74.9		
总计	998	100	464.186		

注：***、**、* 分别代表1%、5%、10% 的显著性水平

对大学生而言，由于信息技术的投入，传统的、被动的"填鸭式"课堂教学很难引起大学生的好奇心和对知识的探索欲。越来越多的大学生开始摆脱传统教室和书本的桎梏，借助信息手段，获取着更广泛的学习资源。在对大学生信息获取途径进行调查时，根据多重响应频率分析表显示，"7.您平时学习和生活中获取信息的载体是？"分析项：手机、网络、报纸、杂志、书籍、广播、电影、电视的卡方拟合优度检验的显著性P值为0.000***，P值小于等于0.05，α=0.05时水平上呈现显著性，拒绝原假

设，意味着各项的选择比例比较呈现显著性差异，分布不均匀。调查结果显示，当前在校大学生获取信息的渠道非常丰富，其中选择最多的资源获取方式是"手机"和"网络"，高达96.3%和94%（见表20）。可见，几乎所有接受调查的大学生都会选择手机或网络获取信息资源。

表20　7.您平时学习和生活中获取信息的载体是？

多选题题项	N（计数）	响应率（%）	普及率（%）	X^2	P
手机	1469	23.1	96.3	2000.936	0.000***
网络	1434	22.5	94		
报纸	261	4.1	17.1		
杂志	391	6.2	25.6		
书籍	670	10.5	43.9		
广播	309	4.9	20.2		
电影	906	14.3	59.4		
电视	917	14.4	60.1		
总计	6357	100	416.579		

注：***、**、*分别代表1%、5%、10%的显著性水平。

（三）高校思想政治教育信息化建设成效更显著

一方面，教育形式更加丰富，增强了高校思想政治教育的吸引力。一支笔、一本书、一块黑板的传统高校思想政治教育课堂，在过去很长一段时间里既符合社会现实情况又能实现教学目标。但不可否认的是，随着信息化时代的来临，大学生对知识的需求加大，传统的高校思想政治教育日渐乏力，教育效果并不理想。信息技术在高校思想政治教育领域的应用，丰富了高校思想政治教育形式。

信息化时代，高校思想政治教育信息的传播形式已不仅仅是文字，还包括声音、图片、动画等。在对教师将信息技术与教学结合方式的调查中，根据多重响应频率分析表显示，"10.您将信息技术主要运用于？"的分析项：出作业或考卷、课件、计算成绩、上课时、教研、从来不用的卡方拟合优度检验的显著性P值为0.000***，P值小于等于0.05，α=0.05时水平上呈现显著性，拒绝原假设，意味着各项的选择比例比较呈现显著性差异，分布不均匀。调查结果显示，有84.2%的教师表示会将信息技术运用到"上课时"，还有86.5%的教师表示会将信息技术应用于"课件"（见表21）。

表21 10.您将信息技术主要运用于？

多选题题项	N（计数）	响应率（%）	普及率（%）	X^2	P
出作业或考卷	163	19.5	75.8		
课件	186	22.2	86.5		
计算成绩	174	20.8	80.9		
上课时	181	21.7	84.2	176.722	0.000***
教研	130	15.6	60.5		
从来不用	2	0.2	0.9		
总计	836	100	388.8		

注：***、**、* 分别代表 1%、5%、10% 的显著性水平。

在对高校思想政治理论课教师运用信息技术创新教学形式的调查中，根据的多重响应频率分析表显示，"15.贵校的思想政治理论课采用过以下网络信息技术的教学形式吗？"分析项：微课、慕课、翻转课堂、幻灯片教学、其他新媒体教学的卡方拟合优度检验的显著性P值为0.000***，P值小于等于0.05，α=0.05时水平上呈现显著性，拒绝原假设，意味着各项的选择比例比较呈现显著性差异，分布不均匀。调查结果显示，有77.4%的教师选择利用信息技术开展"幻灯片"教学，59.6%的教师选择利用信息技术开展"微课"教学，45.6%的教师选择利用信息技术开展"慕课"教学，40%的教师选择利用信息技术开展"翻转课堂"（见表22）。

表22　15.贵校的思想政治理论课采用过以下网络信息技术的教学形式吗?

多选题题项	N（计数）	响应率（%）	普及率（%）	X²	P
微课	909	24.3	59.6	545.694	0.000***
慕课	696	18.7	45.6		
翻转课堂	611	16.4	40		
幻灯片教学	1181	31.7	77.4		
其他新媒体教学	333	8.9	21.8		
总计	3730	100	244.43		

注：***、**、*分别代表1%、5%、10%的显著性水平。

可见，高校思想政治工作者利用信息化优势，整合多种媒体形式，利用多媒体动画技术和图像传输技术等现代技术，为教育对象创造出更具情感、更真实的教育情境，利用艳丽的图片、悦耳的音响、活泼的三维动画以及其他仿真画面，实现了高校思想政治教育语言由枯燥、单一向声色俱全、图文并茂、声情交融的转化，实现了对教育对象多重感官的刺激，最大限度地调动起了受教育者的积极性，增强了高校思想政治教育的吸引力。

另一方面，教育手段更加多样，使教育者与受教育者之间的关系更加亲密。信息化时代，各种新媒体技术层出不穷，高校思想政治工作者和受教育者之间的沟通方式更加多样，QQ、微信或微博等社交软件的兴起，拓展了高校思想政治工作者与大学生的沟通渠道。对于"大学生与辅导员或班主任借助QQ、微信或微博进行交流"的情况调查显示，频率为"很高"占比40.694%，频率为"较高"的占比35.518%（见表23）。

表23　13.您与辅导员和班主任通过QQ、微博或微信进行日常生活、学习及思想交流的情况?

选项	频数	百分比（%）	累计百分比（%）
很高	621	40.694	40.694
较高	542	35.518	76.212
一般	229	15.007	91.219
较少	85	5.570	96.789

续表

选项	频数	百分比（%）	累计百分比（%）
完全没有	49	3.211	100
合计	1526	100	100

可见，越来越多的大学生将QQ、微信或微博等社交软件作为与高校思想政治工作者交流的手段，且交流频率较高。QQ、微信或微博等社交软件的使用使教育对象降低了心理防范，他们开始敞开心扉发表见解，表达情感，进一步拉近了高校思想政治工作者与教育对象间的距离，大大提高了高校思想政治教育的针对性。

（四）高校思想政治教育教育效果体现得更明显

首先，高校思想政治教育的预测更具前瞻性。数据科学家维克托·迈尔舍恩伯格认为，"大数据的核心就是预测"[①]。大数据技术包含使用者在日常所使用的微博、贴吧、论坛等网络平台上留下的浏览痕迹以及大量数据信息，借助大数据、云计算等技术，可以及时获取受教育者各阶段的学习数据，并将其作为当前有效分析和未来科学预测的依据。利用大数据技术，高校可以跟踪获取学生生活、消费、学习等数据，及时了解、掌握学生的基本情况和思想动态。在教师层面，根据多重响应频率分析表显示，"12.您选择和使用信息化教学工具的目的是？"的分析项：传播大政方针、掌握学生动态、掌握班级动态的卡方拟合优度检验的显著性P值为0.262，P值大于0.05，$\alpha=0.05$时水平上不呈现显著性，接受原假设，意味着各项的选择比例比较均匀，没有显著性差异。调查结果显示，利用信息化工具，教师可以实现对学生动态和班级动态的掌握（见表24），这也为教师预测可能存在的安全隐患、及时发现大学生突发性生活困难抑或心理危机提供

[①]　维克托·迈尔舍恩伯格、肯尼思·库克耶：《大数据时代：生活、工作与思维的大变革》，盛杨燕、周涛译，杭州：浙江人民出版社，2013年，第33页。

了可能。

表24　12.您选择和使用信息化教学工具的目的是？

多选题题项	N（计数）	响应率（%）	普及率（%）	X^2	P
传播大政方针	177	35.0	82.3		
掌握学生动态	177	35.0	82.3	2.677	0.262
掌握班级动态	151	29.9	70.2		
总计	505	100	234.884		

注：***、**、* 分别代表 1%、5%、10% 的显著性水平。

其次，高校思想政治教育的过程更具准精性。"大数据推动着思想政治教育向可量化、可视化、实证性和精准化的方向发展。"[1]大数据时代，任何数据痕迹都可以被保留、记录和收集，通过大数据视野和大数据技术，可以实现对所有数据的快速梳理和整合，描绘出个体行为的全貌图景。在对专家学者进行访谈时，多位专家学者认为，大数据技术的广泛应用，为高校思想政治教育获取学生数据提供了技术支持。依托大数据技术，可以全面收集大学生的学业成绩、选课信息、奖励惩戒记录、毕业生毕业去向等各类信息，通过"挖掘、分析、提纯，找出能够反映思想政治教育过程的相关因素，制定更有效的内容，针对教育群体进行量身打造，形成最佳的推送内容"[2]，真正突出高校思想政治教育过程中大学生的主体地位，最大程度激发了每一个大学生学习兴趣和内在潜能。

最后，提升受教育者对高校思想政治教育的认同度。信息传播的便利性、互动性、共享性及音视频相结合的特点，调动大学生的积极性和参与性，将教育内容内化为良好的思想道德素质，为高尚的思想道德行为外部化、培养全面发展的人提供有利条件。在关于"通过信息技术接受思想政

---

① 李怀杰、申小蓉：《大数据时代个性化思想政治教育论析》，《思想理论教育》2019 年第 3 期，第 105－110 页。

② 卢岚：《大数据时代思想政治教育过程研究探微》，《湖北社会科学》2020 年第 3 期，第 156－161 页。

治教育的可行性"问题的调查中，61.6%的学生"认同"借助于信息技术开展思想政治教育工作，33.8%的学生"比较认同"借助于信息技术开展思想政治教育工作，仅有0.66%的学生选择"不认同"助于信息技术开展思想政治教育工作（见表25）。可见，运用信息技术促进思想政治教育得到了广泛认同。

表25　6.通过信息技术接受思想政治教育的可行性，您认为？

选项	频数	百分比（%）	累计百分比（%）
认同	940	61.599	61.599
比较认同	516	33.814	95.413
不太认同	60	3.932	99.345
不认同	10	0.655	100
合计	1526	100	100

调查中，对于"新媒体平台的信息宣传对于价值观塑造"的问题，41.48%的学生选择"很有帮助"，40.83%的学生选择"有帮助"，仅有0.2%的学生选择"完全没用"（见表26）。

表26　11.您认为高校微博及微信平台的信息宣传对您的价值观塑造是否有帮助？

选项	频数	百分比（%）	累计百分比（%）
很有帮助	633	41.481	41.481
有帮助	623	40.826	82.307
一般	232	15.203	97.510
基本没帮助	35	2.294	99.804
完全没用	3	0.196	100
合计	1526	100	100

三、信息化时代高校思想政治教育创新过程中存在的不足

"每个时代总有属于它自己的问题，只要科学地认识、准确地把握、

正确地解决这些问题，就能够把我们的社会不断推向前进。"①信息化时代所蕴藏的人文价值和科学价值是巨大的，信息化时代的高校思想政治教育在取得一定成绩的同时，也暴露出了一些问题。具体来说，信息化时代高校思想政治教育存在以下几方面问题。

（一）运用信息技术开展思想政治教育普及率有待提高

在我国，部分高校的思想政治工作者受学科限制，缺乏专业的互联网知识，对于信息技术的实际操作和掌控能力较弱，无法将信息技术的优势与高校政治教育相结合。在访谈中，部分受访者认为很多高校思想政治工作者仅能利用信息技术处理日常工作任务，无法结合信息技术对工作形式和手段进行创新。而对于高校思想政治理论课教师而言，部分教师在课堂中使用信息技术的频率较低。据调查，仅有49.3%的教师会"经常"在"课堂教学中使用信息技术"，而选择"一般"和"很少"的分别为44.19%和6.05%（见表27）。

表27　3.您在课堂教学中使用信息技术的频率?

选项	频数	百分比（%）	累计百分比（%）
经常使用	106	49.302	49.302
一般	95	44.186	93.488
很少使用	13	6.047	99.535
从没用过	1	0.465	100
合计	215	100	100

当前，网络信息技术已深入大学生生活的方方面面，越来越多的大学生可以熟练地借助相关软件获取大量信息。即使是一些国外网站，大学生也可以借助相关软件"翻墙"去查看外网新闻资料。现阶段英语是互联网中使用最广泛的语言之一，这就为西方国家掌控网络舆论，渗透西方意识

① 习近平：《之江新语》，杭州：浙江人民出版社，2007年，第235页。

形态提供了便利，对高校思想政治教育造成了负面影响。某些高校思想政治工作者英语水平较低，无法或者很难辨认和控制网络上的垃圾信息，无法帮助大学生分辨网络信息。不仅如此，一些受访者认为，部分高校思想政治工作者不仅无法灵活运用各种知识尤其是网络知识进行高校思想政治教育，而且还无法及时帮助大学生从杂乱的网络信息中筛选符合社会要求和自身身心健康发展要求的信息。

另外，高校思想政治工作者信息素质和技能面临挑战。我国高校思想政治工作者很多都年龄偏大，平时很少接触网络信息技术，只能掌握一般的信息技术能力。调查中，针对"教学中电子教案"的制作这一问题，"大部分电子教案，一小部分纸质教案"占比30.7%，"大部分纸质教案，一小部分电子教案"占比11.63%，"全部为纸质教案"占比2.33%（见表28）。值得强调的是，调查问卷中的纸质教案指的是手写教案。

表28　1.您在教学工作中，一般制作哪种教案？

选项	频数	百分比（%）	累计百分比（%）
电子教案	119	55.349	55.349
大部分为电子教案，只有一小部分纸质教案	66	30.698	86.047
大部分为纸质教案，只有一小部分电子教案	25	11.628	97.674
纸质教案	5	2.326	100
合计	215	100	100

在教学上，部分高校思想政治工作者依然只能简单地使用电子课件，教学形式和手段单一。而且一些人无法利用网络软件与大学生进行交流；思想上，部分高校思想政治工作者存在思想落后、知识储备陈旧的现象。更有一些高校思想政治工作者不具备危机意识和创新意识，工作效果大打折扣。

（二）高校思想政治教育信息的共享渠道不够通畅

在传统的高校思想政治教育中，高校思想政治工作者是知识的源泉，起主导性作用；大学生是知识的接收者，被动接受灌输。在这一过程中，高校思想政治工作者始终处于一种信息优势地位，很容易树立威信，得到大学生的尊重和信任。但信息化时代的特征包括"自由、平等"等，削平信息金字塔，越来越多的人要求进行交互性、平等性的对话和交流。互联网上囊括了人类所创造的巨量的知识财富，而且每天还在以极快的速度更新。信息化时代的大学生获取信息的渠道更加多元，信息选择过程中具有极大的自主性。在对大学生平时主要关注的信息进行调查时，根据多重响应频率分析表显示，"8.您平时学习和生活中主要关注的信息是？"分析项：时事新闻，学习方面的资讯，生活娱乐资讯，家人、朋友、同学的生活动态，其他的卡方拟合优度检验的显著性P值为0.000***，P值小于等于0.05，α=0.05时水平上呈现显著性，拒绝原假设，意味着各项的选择比例比较呈现显著性差异，分布不均匀。调查结果显示，大学生在平时学习和生活中关注最多的信息就是"学习方面的资讯"和"生活娱乐资讯"，分别为72.5%和66.8%，"家人、朋友、同学的生活动态"和"时事新闻"分别为62.1%和59.6%（见表29）。

表29 8.您平时学习和生活中主要关注的信息是？

多选题题项	N（计数）	响应率（%）	普及率（%）	X^2	P
时事新闻	910	21.4	59.6		
学习方面的咨询	1107	26	72.5		
生活娱乐资讯	1019	23.9	66.8	519.139	0.000***
家人、朋友、同学的生活动态	948	22.3	62.1		
其他	272	6.4	17.8		
总计	4256	100	278.8		

注：***、**、* 分别代表1%、5%、10%的显著性水平。

信息化时代，信息来源广，传统高校思想政治教育政治性、控制性和劝导性的话语方式不太符合当代大学生的话语习惯，很难对他们产生吸引力。在对高校思想政治理论课教师"应用信息技术进行教学与研究时，最缺的是什么"进行调查时，有近一半的人表示最缺的是"有用的信息资源"（见表30）。可见，有时一些大学生了解掌握的最新资讯和社会动态，但高校思想政治工作者却还未了解，也就更难预知信息对大学生带来的具体影响，使得传统高校思想政治工作者理论灌输者和信息垄断者的角色不断被弱化。

表30　6.您在应用信息技术进行教学与研究时，最缺的是什么？

选项	频数	百分比（%）	累计百分比（%）
有用的信息资源	93	43.256	43.256
硬件条件	73	33.953	77.209
时间精力	38	17.674	94.883
合作团体	11	5.117	100
合计	215	100	100

（三）高校思想政治教育信息化教学方式重视不足

传统的高校思想政治教育方式忽视大学生的个性与差异，淡化大学生的主体地位。信息化时代的到来改变了信息传输方式，更凸显了以人为中心的现代教育理念，再没有单一的、单向的信息灌输，受众或接受者同样成了信息的来源、信息的发布者，传统的高校思想政治教育方式受到了挑战。不仅如此，信息化时代的大学生是更具自主意识、更具个性化的青年，更愿意接受一些较为新奇、时间较短、更新速度较快的讯息。如此一来，如若高校思想政治工作者依然采取固有的、陈旧的教育方式和说理结构，不仅无法激起大学生的兴趣，还有可能激起大学生的反感，拉开了自己与大学生之间的距离。在对"思想政治理论课教师运用微课、慕课等新媒体进行教学的频率"的调查中，25.62%的教师选择"一般"，4.39%的教师选择"不频繁"，甚至还有0.66%的教师选择"完全没有"（见表31）。可见，虽然一些高校教师能够运用信息技术开展教学，但利用新媒体开展思想政治理论课教学的频率较低，对信息化教学方式的重视仍然不足。

表31　16.贵校思想政治理论课教学采用微课、慕课等新媒体教学的频率？

选项	频数	百分比（%）	累计百分比（%）
频繁	594	38.925	38.925
很频繁	464	30.406	69.331
一般	391	25.623	94.954
不频繁	67	4.391	99.345
完全没有	10	0.655	100
合计	1526	100	100

（四）高校思想政治教育信息化载体管理仍需加强

随着信息化时代的到来，QQ、微博和微信等网络载体在高校学生群体中使用的频率越来越高，很多高校也开通了官方微博和微信公众号。但却不够重视软件的运行和管理，微博、微信平台信息推送时效性不强，文章的内容都较为枯燥，且原创率低，无法吸引粉丝的长期关注。不仅如此，学校辅导员和班主任的微博、微信朋友圈更新频率也较低，其中"一般"为17.24%，"较少"为4.72%（见表32）。

表32　12.您的辅导员和班主任的微博、微信的更新频率如何？

选项	频数	百分比（%）	累计百分比（%）
很高	622	40.760	40.760
较高	543	35.583	76.343
一般	263	17.235	93.578
较少	72	4.718	98.296
完全没有	26	1.704	100
合计	1526	100	100

在对辅导员和班主任通过QQ、微博和微信进行日常生活、学习及思想交流的效果评价进行调查时，结果显示有14.61%的大学生认为效果"一般"，有1.31%的大学生表示"不太满意"，还有0.4%的大学生表示"很不

满意"（见表33）。可见，部分学生对辅导员和班主任和他们交流的载体和效果存在不满意的情况，而这也反映出加强教育载体管理的紧迫性。

表33　14.您对辅导员和班主任通过QQ、
微博和微信进行日常生活、学习及思想交流的效果评价?

选项	频数	百分比（%）	累计百分比（%）
很满意	753	49.345	49.345
满意	524	34.338	83.683
一般	223	14.613	98.296
不太满意	20	1.311	99.607
很不满意	6	0.393	100
合计	1526	100	100

不仅如此，一些高校思想政治工作者在开展高校思想政治教育工作过程中，更倾向于根据自己的喜好和习惯选择教育载体，很少有人会主动将新型媒介与高校思想政治教育内容进行有效结合。在对教师运用最多的信息化教学工具进行调查时发现，多媒体计算机是教师最喜欢使用的教学工具（见表34）。

表34　11.在课堂教学过程中，您运用最多的信息化教学工具是?

选项	频数	百分比（%）	累计百分比（%）
多媒体计算机	114	53.023	53.023
网络教室	76	35.349	88.372
平板电脑	17	7.907	96.279
交互式电子白板	8	3.721	100
合计	215	100	100

在对教师日常使用的多媒体软件进行调查时，根据多重响应频率分析表显示，"9.您日常使用的多媒体软件有哪些？"的分析项微信、微博、QQ、陌陌、抖音/快手、其他的卡方拟合优度检验的显著性P值为0.000***，P值小于等于0.05，α=0.05时水平上呈现显著性，拒绝原假设，意味着各项的选择比例比较呈现显著性差异，分布不均匀。调查结果显

示，高校思想政治理论课教师日常使用的软件多为微信、微博和QQ（见表35），教育载体较单一，而对快手、抖音等新型网络载体关注度较低。

表35 9.您日常使用的多媒体软件有哪些?

多选题题项	N（计数）	响应率（%）	普及率（%）	X²	P
微信	205	34.8	95.3		
微博	150	25.5	69.8		
QQ	177	30.1	82.3	401.183	0.000***
陌陌	28	4.8	13		
抖音、快手	23	3.9	10.7		
其他	6	1.0	2.8		
总计	589	100	273.953		

注：***、**、*分别代表1%、5%、10%的显著性水平。

四、信息化时代高校思想政治教育创新过程中存在不足的原因分析

信息化时代，高校思想政治教育创新过程中出现的问题是内部因素和外部因素综合作用的结果，这些内、外部因素也构成了信息化时代高校思想政治教育创新的关键环节与挑战。对这一系列问题进行归纳分析，有助于高校思想政治教育在创新实践过程中采取相对更有针对性的应对策略来迎接信息化时代的挑战。

（一）高校思想政治教育的理念存在滞后

习近平总书记指出："发展理念是发展行动的先导。发展理念不是固定不变的，环境和条件变了，发展理念就自然要随之而变。如果刻舟求剑、守株待兔，发展理念就会失去引领性，甚至会对发展行动产生不利影

响。"[1]高校思想政治教育理念创新发展方面的困境，从起始点上就开始影响和制约着高校思想政治教育创新发展的顺利推进。因为这一方面的创新发展以及"这一层的转变是最关乎个人的，也是最深刻的，因此也是最不容易的，最缓慢的"[2]。

一是保守性。保守性是影响信息化时代高校思想政治教育理念创新的主要原因，表现在教育观念的创新发展及创造转化的意识不强、教育观念因循守旧性突出、理念创新意识不强等方面。在传统理念中，教学是高校思想政治教育者的工作核心，重管理、轻服务，以教师为中心、以教材为中心、以课堂为中心，教师在整个教育过程中居于权威地位，忽视了学生的意志。但进入信息社会时代，人们获取知识的途径更加多样，知识更加丰富，价值观念呈现出多元化特征，对大学生的思想品德也有了新的要求。保守的理念已经无法适应信息化时代高校思想政治教育创新发展的新要求，必然会阻碍高校思想政治教育的创新发展。针对教师展开的关于"信息技术对于教学工作重要性"的调查显示，有57.67%的人选择"非常重要"，而有5.12%的人选择"一般"，有0.47%的人选择"不重要"（见表36）。可见，还是有部分教师并没有认识到信息技术对于教学工作的重要作用，这也反映出部分教师对于教育教学的创新处于一种保守的状态。

表36 2.您认为信息技术对于教学工作的重要性?

选项	频数	百分比（%）	累计百分比（%）
非常重要	124	57.674	57.674
重要	79	36.744	94.418
一般	11	5.116	99.534
不重要	1	0.466	100
合计	215	100	100

二是封闭性。开放与封闭是相对而言的，现代理念以开放和推陈出新

---

[1] 《习近平春节前夕赴江西看望慰问广大干部群众》，《人民日报》2016年2月4日，第1版。
[2] 金耀基：《从传统到现代》，北京：法律出版社，2010年，第129页。

为特征，而传统理念则更偏向封闭和墨守成规。信息化时代加速推进社会发展，开放性发展成为时代特征。而传统高校思想政治教育理念则呈现出封闭性特征，这种封闭性既体现在教育方法和手段方面的封闭，还体现在教育载体和教育机制方面的封闭。访谈中的人也表示，部分高校思想政治工作者在工作中缺乏创新精神，也正是由于未能快速有效地吸收和借鉴一些新的思想理念，致使高校思想政治教育在对外开放性以及接收外部新理念方面仍存在守旧性和局限性。一方面，部分高校思想政治工作者无法根据信息化时代要求及时更新学科发展思维，没有以更加开放的理念接受信息化时代赋予的新发展新变化，传统理念始终占据主导地位，不能以更加开放的态度接受高校思想政治教育新的发展趋势。另一方面，部分高校思想政治工作者不善于使用多媒体软件，也不善于通过新媒体平台与学生展开更多的交流。在针对"是否会关注并反馈学生发布的消息"的调查中，有56.74%的人表示"会关注，视情况反馈"，有4.19%的人选择"其他"（见表37），这就说明可能有人完全不会关注或完全不会回复。

表37　5.您对于学生在新媒体平台上发布的信息会及时关注并反馈吗？

选项	频数	百分比（%）	累计百分比（%）
会关注，视情况反馈	122	56.744	56.744
完全会	84	39.070	95.814
其他	9	4.186	100
合计	215	100	100

　　三是滞后性。理念是行动的先导，理念的变革是根本性的变革。高校思想政治教育理念的创新发展是高校思想政治教育创新发展的基础，滞后的教育理念不利于高校思想政治教育的创新发展。与信息化时代社会发展的现实情况相比，高校思想政治教育作为一种社会实践活动，其创新发展的理念滞后，致使高校思想政治教育无法紧随社会发展步伐。在对教师群体是否会尝试用信息技术提升教学有效性的调查中，有52.1%的人选择会"偶尔"尝试，0.93%的人选择"从来没有过"（见表38）。信息化时代的教

育理念注重超前性和发展性，传统的高校思想政治教育理念则更倾向于过去和停滞。由于受落后于形势发展的教育理念的影响，高校思想政治教育理念中的滞后性仍然明显。

表38　4.您是否尝试使用信息技术提升教学的有效性？

选项	频数	百分比（%）	累计百分比（%）
偶尔	112	52.093	52.093
经常	101	46.977	99.070
从来没有过	2	0.93	100
合计	215	100	100

（二）高校思想政治教育的方法仍存在欠缺

黑格尔认为："方法并不是外在的形式，而是内容的灵魂和概念。"[1] 现代化方法才能促进教育内容的有效传播。当前我国高校思想政治教育仍然倾向于采取"满堂灌""填鸭式"的方法向大学生灌输高校思想政治教育内容，这种"采用静态的、孤立的思维方式审视高校思想政治教育运行"的方法过分强调教育者的权威性和主导性，无法满足教育对象发展的需要。

多媒体、互联网等的广泛应用，为高校思想政治教育的创新提供动力。但少数高校思想政治工作者却无法熟练地将信息技术与高校思想政治教育相结合，教育方法可能显得过于固定单一、缺乏创新，导致高校思想政治教育方法针对性不强。不仅如此，传统的高校思想政治教育方法更重视教育者对知识内容的传输，更强调教育信息的单向式传递和传输，教育者和受教育者缺少双向对话和交流互动，更缺少受教育者对教育信息的反馈环节，受教育者的主观能动性发挥不足，从侧面反映高校思想政治教育方法互动性发展的重要性和迫切性。部分教师结合当前流行的教学形式对

---

① 黑格尔：《小逻辑》，贺麟译，上海：上海人民出版社，2016年，第429页。

课堂教学进行创新，采取微课、慕课及翻转课堂等新媒体教学方法，但由于尚未真正掌握创新的要点，也没有与学生的兴趣点进行有效结合，致使教学效果并不理想。在对采用微课、慕课及翻转课堂等新媒体教学满意度的调查中，有15.53%的学生表示"一般"，1.31%的学生表示"不太满意"，0.52%的学生表示"很不满意"（见表39）。

表39　17.您对思想政治理论课采用微课、慕课及翻转课堂等新媒体教学方法的满意度？

选项	频数	百分比（%）	累计百分比（%）
满意	635	41.612	41.612
很满意	626	41.022	82.634
一般	237	15.531	98.165
不太满意	20	1.311	99.476
很不满意	8	0.524	100
合计	1526	100	100

　　少数高校思想政治理论课教师对最新的网络技术缺乏了解，只限于网站、网页的使用，还只是停留在照本宣科的层面，所谓的电子化教学也仅仅是将教材内容照搬到电子课件中，内容仍是比较单一和陈旧的。随着信息化时代的快速发展，大学生群体的开放程度进一步加强，简单地将陈旧的知识点"电子化"已经无法满足大学生的需求。即使一部分教师开始使用微信、QQ等社交软件开展工作，但工作成效仍然较低，更多的是用来布置工作、发送信息，形式枯燥、乏味。在针对思想政治理论课教师通过QQ、微博和微信进行日常生活、学习及思想交流效果满意度的调查中，有15.66%的学生表示"一般"，0.98%的学生表示"不太满意"，0.2%的学生表示"很不满意"（见表40）。

表40　18.您对思想政治理论课教师通过ＱＱ、微博和微信进行日常生活、
学习及思想交流的效果评价?

选项	频数	百分比(%)	累计百分比(%)
很满意	734	48.1	48.1
满意	535	35.059	83.159
一般	239	15.662	98.821
不太满意	15	0.983	99.804
很不满意	3	0.196	100
合计	1526	100	100

因此，不论是从信息化时代受教育者的特点出发、从信息化时代的人才培养实际出发，还是从信息化时代教育变革的大格局出发、从扎根中国大地立德树人的根本要求出发，整体推进高校思想政治教育方法创新都是十分必要的。

（三）高校思想政治教育的载体建设不足

高校思想政治教育的开展总是依托于和借助于一定的媒介载体，不管是在传统社会条件下还是现代社会条件下，高校思想政治教育活动实施总是不能缺少媒介载体作用的发挥。根据多重响应频率分析表显示，"9.您关注的学校或院系的官方媒体有哪些？"的分析项官方微博、微信公众号、门户网站、百度贴吧的卡方拟合优度检验的显著性P值为0.000***，P值小于等于0.05，α=0.05时水平上呈现显著性，拒绝原假设，意味着各项的选择比例比较呈现显著性差异，分布不均匀。调查结果显示，在对学生关注最多的学校或院系的官方媒体的调查中显示，89.5%的学生选择了"微信公众号"，68%的学生选择了"官方微博"，41.3%的学生选择了"门户网站"（见表41）。

表41　9.您关注的学校或院系的官方媒体有哪些?

多选题题项	N（计数）	响应率（%）	普及率（%）	X^2	P
官方微博	1038	30.4	68		
微信公众号	1366	40	89.5		
门户网站	631	18.5	41.3	672.045	0.000***
百度贴吧	377	11.1	24.7		
总计	3412	100	223.591		

注：***、**、* 分别代表 1%、5%、10% 的显著性水平。

可见，当代大学生了解信息的渠道和方式更加多元，构筑起了一个多层次、立体交叉式的高校思想政治教育载体系统，运用一些学生易于接受、乐于接受、喜闻乐见的载体形式，可以最大限度地发挥高校思想政治教育效果。

在访谈中，部分受访者表示，当前高校思想政治教育仍存在载体创新不足，载体运行乏力的情况。一是载体形式单一。传统的高校思想政治教育所采用的媒介载体相对单一，缺乏实效，影响了高校思想政治教育效果的实现，已经不能适应信息化时代对高校思想政治教育的要求。二是载体陈旧。信息化时代教育载体的样式更加多样，载体选择空间变大，单一的以课堂教育为主要载体的形式已然落伍，现行教育载体乏力，不能适应信息化时代高校思想政治教育创新需要。三是载体整合运用效果不佳。高校思想政治教育载体的属性、特征和表现形式多种多样，实现载体的综合运用有助于促进教育过程的顺利开展。

当前，很多高校构建新的教育载体，例如网络教育课程、红色微视频、红色网站等，但在实际运行中教育效果却并不明显，很多教育载体点击率较低，内容更新缓慢，网络教育载体与课堂效果的结合还是流于形式，各种载体间没有形成协同效应，未达到高度的整体融合，从而影响了载体功能的发挥。不仅如此，很多高校在载体平台的内容设计上针对性不强，内容更新缓慢，缺乏可读性与持续性。据调查，高校的官方微博或微信平台信息发布和更新的频率较低，其中"基本一周一条"为31.39%，"半个月或更久"为20.97%（见表42）。有时发布内容的时效性和实效性不强，特别是一些与大学生有关的话题不足，如求职、评奖、评优等话题，无法满足大学生全面发展的需要。

表42　10.贵校的官方微博和微信平台信息的发布和更新频率如何？

选项	频数	百分比（%）	累计百分比（%）
一般，基本一周一条	479	31.389	31.389
很高，有重大活动及新闻时会实时动态更新	401	26.278	57.667
较高，基本每日一条	326	21.363	79.03
不高，半个月或更久才一条	320	20.970	100
合计	1526	100	100

（四）高校思想政治教育的机制需要进一步完善

信息化时代背景下的高校思想政治教育创新需要一种与之相适应的秩序和规范，需要建立完善的规章制度推动高校思想教育活动取得实效。信息化时代，高校思想政治教育进入蓬勃发展时期，教育环境、教育方式等都发生了深刻变化。

受访者表示，部分高校思想政治教育教育机制尚不完善，致使高校思想政治教育效果大打折扣。首先，高校内部机构繁多，分工细致但仍相互交叉，各个机构间缺少沟通，很多工作重形式、轻内容，无法将高校思想政治教育工作落在实处，无法实现高校思想政治教育目的。其次，保障机制是确保高校思想政治教育顺利开展、有序进行的重要外部条件。当前，很多高校相关教育制度不完善、教育队伍人员不足，无法有效开展高校思想政治教育工作，致使高校思想政治教育取得的实际成效与预期相差较远。最后，高校思想政治教育机制在运行过程中忽视机制内部环节的联动，特别是在对受教育者进行教育引导的过程中，没有发挥出高校思想政治教育"润物细无声"的作用，致使高校思想政治教育各个教育环节互动性较差。

本章小结

随着信息技术的深入发展及其应用领域的日益拓宽，信息技术的价值得到极大彰显。对信息化时代的高校思想政治教育而言，信息技术为其发展带来重要机遇，并推动了信息化时代高校思想政治教育创新的研究取得一定成果。但是，在取得一定成果的同时，也逐渐凸显出高校思想政治教育融合信息技术创新过程中存在的信息技术应用普及率不高、高校思想政治教育信息共享不通畅、信息化教学方式管理较混乱等问题，给高校思想政治教育工作的顺利开展带来了负面影响。研究发现，以上问题的出现，主要因为高校思想政治教育信息化理念滞后、信息化方法欠缺、信息化载体建设不足和信息化机制不够完善。总之，通过对信息化时代高校思想政治教育创新现状的全面系统考察，才能更有针对性地提出具体路径和应对策略，从而为信息化时代高校思想政治教育更有效地融合信息技术创新提供有效保障。

第四章　信息化时代高校思想政治教育理念创新

新技术需要新理念，新理念推动新技术。习近平总书记强调："网信事业代表着新的生产力和新的发展方向，应该在践行新发展理念上先行一步。"[①]先进的教育理念是支撑现代化信息技术与教育结合的关键。信息化时代背景下的高校思想政治教育理念包含着对教育活动的价值诉求、实践指向和发展解读，在高校思想政治教育创新中占据着至关重要的位置。

一、基于价值层面的理念创新

习近平总书记指出："发展理念不是固定不变的，环境和条件变了，发展理念就自然要随之而变。"[②]信息化时代背景下，高校思想政治教育呈现出新特征新规律新诉求，这就要求高校思想政治工作者必须立足于信息化时代背景，树立起技术理念、开放理念和超前理念，以此引领高校思想政治教育价值的实现，激发高校思想政治教育持续发展的内生动力。

（一）技术理念

"将现代教育技术的理念渗透于教学过程，并将现代教育技术整合于课程之中，是我国教学改革的新观点。"[③]在信息化时代高校思想政治教育

---

① 《迈出建设网络强国的坚实步伐——习近平总书记关于网络安全和信息化工作重要论述综述》，《人民日报》2019 年 10 月 19 日，第 1 版。
② 《习近平春节前夕赴江西看望慰问广大干部群众：祝全国各族人民健康快乐吉祥　祝改革发展人民生活蒸蒸日上》，《新华网》2016 年 2 月 3 日。
③ 姜世华：《现代教育技术理念促进教师角色的转变》，《黑龙江教育学院学报》2009 年第 2 期，第 45—46 页。

的创新中，互联网、大数据等科学技术不仅是一种可以对教育资源进行设计、开发和运用的辅助性工具，还是一种方法论，是为了达到创新目的而采取的一系列的方式、手段和途径。由此可见，技术贯穿于高校思想政治教育创新的整个环节。信息化时代，高校思想政治工作者必须树立起信息技术理念，发挥技术推动高校思想政治教育创新的积极作用。

一是利用信息技术营造高校思想政治教育环境。高校思想政治教育的存在和运行都是在一定教育环境中进行的。技术的发展改变了高校思想政治教育的环境。一方面为高校思想政治教育的创新和发展奠定了坚实的物质基础；另一方面也为高校思想政治教育方法、手段、平台的创新提供大量技术性支持，为高校思想政治教育活动开辟新的空间。

二是利用信息技术革新高校思想政治教育手段。教育手段的革新以技术为基础，教育手段的创新程度受到技术水平的影响。换言之，高校思想政治教育手段的革新过程就是高校思想政治教育在技术框架下开展教育工作的过程，它规定高校思想政治教育手段以何种形式、何种形态发挥作用。因此，高校思想政治工作者必须认识到信息技术在革新高校思想政治教育手段中的重要作用。

三是利用信息技术促进高校思想政治教育信息传播。信息化时代，借助数字化、网络化的传播形式，高校思想政治教育的传播超越了传统的物质载体，实现跨时间、跨空间的传播，提升高校思想政治教育影响力。

（二）开放理念

习近平总书记指出，"一个国家能不能富强，一个民族能不能振兴，最重要的就是看这个国家、这个民族能不能顺应时代潮流，掌握历史前进的主动权。"[①]开放带来进步，封闭必然落后。大到一个国家的兴衰，小到一个学科的发展，开放理念始终发挥着重要作用。信息化时代，要实现高

---

① 《习近平谈治国理政》（第2卷），北京：外文出版社，2017年，第210页。

校思想政治教育的创新发展，必须树立开放理念。

一方面，要具备开放的工作态度，解放思想，与时俱进。高校思想政治工作者要始终以学生为中心，充分了解和掌握学生的内在心理需求及外在行为习惯，真正从学生的角度思考问题，真正地理解和尊重学生，如此才能推动高校思想政治教育工作的开展；高校思想政治工作者在工作中不能被过去陈旧、封闭的理念束缚，既要坚持思想政治教育的学科领域、学科边界和学科发展模式，又要与时俱进，在教育教学中不断注入时代元素、增加时代内容，提高高校思想政治教育时代性。

另一方面，要树立开放的发展理念，推动高校思想政治教育工作创新发展。在教育资源上，要促进高校思想政治教育资源共享，以开放发展拓展高校思想政治教育资源，实现共享思想政治教育资源利用效益的最大化；在教育方式上，要积极开发新型教育手段，如慕课、网络学习课程、教育类的短视频等，积极扩大高校思想政治教育影响力。

（三）超前理念

"教育是培养人才的基础，对经济和社会发展具有先导性、全局性的作用，要适度超前发展。"[①]高校思想政治教育是培养社会主义建设者和接班人的奠基工程，要实现立德树人根本任务，最紧迫的就是在教育现代化的新形势下，树立超前意识，打破目前高校思想政治教育桎梏，这对于信息化时代高校思想政治教育的创新具有非常重要的意义。

随着时代的发展，高校思想政治教育必将顺应时代潮流不断发展。高校思想政治工作者如果束缚于当前的教育状态，没有远见，不仅会使得高校思想政治教育变得盲目，就连当前高校思想政治教育存在的问题也难以解决。相反，还会由于思想上窄思短虑，而造成更多的实际问题。鉴于此，高校思想政治工作者要摆脱传统教学观念的束缚，变被动为主动，站

---

① 李伟：《高校党务工作知行思辨录》，哈尔滨：东北林业大学出版社，2016年，第323页。

在时代发展的前沿，用灵敏的信息意识、超脱的创新意识和超出现实的未来意识，树立起更加大众的、科学的高校思想政治教育教学理念，筹高校思想政治教育未来发展之策、谋高校思想政治教育创新之举、做高校思想政治教育开拓之事。

值得强调的是，本书所讲的超前理念，并不是不顾现实的盲目超前，相反的，本书强调的超前理念是适度超前的教育理念，既重视现实，又超脱和超出现实，主要是指在信息化时代背景下，高校思想政治工作者要在立足于高校思想政治教育创新需求的基础上，认识到信息技术对于高校思想政治教育实现跨越式发展的重要作用。因此，树立适度超前的高校思想政治教育理念，就是用适应时代变化的创新意识、高瞻远瞩的战略意识、科学缜密的决策意识和纵观全局的整体意识，以创新的理念形成新的思路、以创新的方法提出新的举措、以创新的载体实现新的突破、以创新的机制推动新的发展。

二、基于实践层面的理念创新

"随着校园网络技术的发展和普及，教育信息化已经渗透到各级各类学校教学、管理、科研和校园生活等各个环节，推进了教育教学的改革与创新。"[1] "教育手段信息化是量变，而教育理念信息化才是质变。"[2]只有以符合信息化时代发展变化特点的新的实践育人理念为指导，才能不断推动高校思想政治教育方法、载体和机制的创新发展。

（一）"信息化+教学"理念

信息技术与高校思想政治教育相互融合的过程也是新兴教学技术在高

---

[1] 马一：《线上线下混合式教学行动研究——信息技术与思政课教学融合创新》，《教育学术月刊》2020 年第 7 期，第 97-105 页。

[2] 傅宇凡：《质变前夕的教育信息化：专访上海市教委副主任李永智》，《中国教育网络》2017 年第 12 期，第 25-27 页。

校思想政治教育中发挥价值的过程，是与高校思想政治教育创新发展目的相适应的。高校思想政治理论课教师不仅要掌握各种信息化教学设备、教学工具的操作方法，还要树立"信息化+教学"的理念，营造一种新的教学环境，实现高校思想政治教育教学内容在呈现方式上的根本变革，形成一种既能发挥教师主导作用又能充分体现学生主体地位的教学新模式。一般来说，"信息化+教学"理念的核心是推进信息技术与教学实践的深度整合，而这种理念的树立足以成为真正探究和解决信息化时代高校思想政治教育创新问题的有效途径。

首先，熟悉现代教育教学理论。传统的高校思想政治把受教育者当作灌输对象，认为受教育者只有在面对外部刺激时才会做出反应，整个过程中受教育者处于一种被动地位，最常见的教育理论就是行为主义学习理论。但是随着时代的发展，高校思想政治教育开始由传统的"以教师为中心"向"以学生为中心"转变，由此产生的人才培养的新要求，使得高校思想政治工作者开始将受教育者看作信息加工的主体，而建构主义学习理论也开始成为符合当前教育思想和教学观念的最基本理论，并愈来愈显示出其强大的生命力。建构主义学习理论是一种区别于传统认知主义理论的、始终以学习者为中心的教育理论。建构主义学习理论认为，学习的实质是学习者积极主动地进行意义建构，即学习不是由教师简单地将这些传授给学生，而是要引导学生构建起知识体系。不仅如此，建构主义学习理论注重对教学环境的建构，强调要以学生为中心，帮助受教育者在教师创设的"情境""协作"与"会话"等学习环境中充分发挥自身的主动性和积极性，主动对当前所学的知识进行意义建构，并用所学知识解决实际问题。可见，建构主义学习理论既与当前信息化时代发展相契合，又与高校思想政治教育发展要求相契合，对于信息化时代高校思想政治教育创新具有重要的指导价值。对于受教育者而言，学习的意义在于通过新旧知识经验间反复、双向的相互作用使原有知识发生调整和改变，从而引发观念和结构的重组。高校思想政治理论课教师要善于引导受教育者发挥主观能动性，主动地去建构外部信息的意义，建构起自己的理解。不仅如此，高校思想政治理论课教师在教学过程中还要利用现代化教学手段和网络上丰富的教学资源，根据教学内容创设不同的教学情境，与学生展开更加平等的对话交流，促进学生对新知识的意义建构，对深化高校思想政治教育教学改革具有积极的意义。

其次，促进信息技术与高校思想政治教育课程的整合。所谓信息技术与课程整合是指"在课程教学过程中把信息技术、信息资源、信息方法、人力资源和课程内容有机结合，共同完成课程教学任务的一种新型的教学方法"[①]。关于信息技术与课程结合的模式，有学者进行了专题研究，并提出"课内教学整合"与"课外教学整合"[②]两种模式。而无论是课内还是课外，都需要我们根据思想政治教育学科固有的知识结构和学科特点建构起合理、科学的信息技术与课程整合理念，指导高校思想政治教育课程信息化建设。一方面，增加信息技术与高校思想政治教育课程体系的契合度。与传统的高校思想政治教育课程体系不同，信息技术与高校思想政治教育课程的结合旨在提供不同于其他时代背景下的新的教学环境，着力体现出教育活动中教育者、受教育者双方的主体性，充分调动和显现受教育者的参与性、主动性。从这个层面上看，信息化时代的高校思想政治工作者不仅要熟练掌握现代信息技术，更要将其充分应用于课程体系之中，通过利用信息技术改变以教师为中心的教学结构，注重信息化教学理念与高校思想政治教育学科课程的结合，明确教育目标和实际效果，探索信息技术与高校思想政治教育课程结合的可能性及可行性，提高高校思想政治教育课程质量及教学效果。另一方面，促进显性课程与隐性课程的融合。对于

---

① 李良树：《信息技术与信息化教学》，武汉：武汉大学出版社，2003 年，第 1 页。
② 何克抗、吴娟：《信息技术与课程整合的教学模式研究之一——教学模式的内涵及分类》，《现代教育技术》2008 年第 7 期，第 5-8 页。

高校思想政治教育而言，不仅包含被列入学校教学计划的显性课程，还包含观念、意识形态等以内隐的、间接的方式呈现的隐性课程。这就需要一个桥梁，将显性课程与隐性课程有效衔接起来。信息技术本身是一种方法论，是一种管理和处理信息的技术。信息技术在教育中的应用过程就是科学方法论的应用过程，这种应用建立在一定的科学方法之上，引导学生主动参与，促进学生自主学习，培养学生掌握和运用知识的能力，如此才能从根本上解决实际问题和客观矛盾，实现高校思想政治教育课程体系的信息化、现代化。

最后，要实现高校思想政治教育教学理念的不断更新。理念是行动的先导，只有不断解放思想、革新观念，才能在更高层次上探索信息化时代高校思想政治教育教学规律和人才培养规律。对于高校思想政治工作者而言，他们通常可以掌控高校思想政治教育的全过程。但面对信息技术在教学中的应用，并不是每个教育者都能够接受并妥善运用，比如一些对新事物有所排斥或年龄偏大的教育者，通常并不能很好地使用信息手段开展工作。在这种情况下，高校思想政治工作者要树立新的教学理念。信息化时代是对工业化时代的超越和颠覆，高校思想政治工作者要认清客观形势，了解信息化时代特点，紧跟时代步伐，树立最新、最先进的教学理念，时刻以科学的、发展的眼光衡量和看待高校思想政治教育教学的发展，通过转变自身的观点和态度探索更加具有创新性、个性化的高校思想政治教育。另一方面，要实现教学理念的不断更新。高校思想政治教育理念不是一成不变的，现代信息技术在高校的广泛应用，为信息化时代高校思想政治工作者更新教学理念提供新的客观环境和实践途径。高校思想政治工作者要根据时代发展的需要和新时代社会主义人才培养的需要，不断解放教学思想，不断更新教学理念，如此才更加符合实践的要求和社会的进步。

（二）"信息化+管理"理念

高校思想政治教育的管理影响着高校思想政治教育工作的科学性和实

效性。随着信息化时代的到来，高校思想政治教育管理理念必须与时俱进，既要体现社会需要和时代特征，又要遵循高校思想政治教育管理规律。具体来说，"信息化+管理"理念包含以下三个层面。

1.树立基于信息化时代背景的高校思想政治教育战略管理理念。所谓思想政治教育战略管理，"就是人们把思想政治教育与战略管理相结合，将战略管理的原理与方法融入和运用于思想政治教育的理论与实践之中，对思想政治教育过程实施战略管理"[①]。宏观层面看，高校思想政治教育战略管理是指高校在发展过程中依据战略管理理论有效整合内部和外部资源，确定一个全局的、长远的高校思想政治教育发展方向、目标、任务和政策，从而提升高校思想政治教育管理效率，优化高校思想政治教育管理方式。从微观层面看，高校思想政治教育战略管理是指高校在发展过程中根据所处的外部环境和内部自身因素确定高校思想政治教育发展的战略目标，制定一套包括决策、监管、评价、反馈的动态管理体系。可见，高校思想政治教育战略管理立足于高校思想政治教育整体发展的角度，关注外部环境变化对高校思想政治教育发展的影响，着力于化解外部威胁而实现高校思想政治教育发展的整体优化。当前，我国社会发展正处于迭代升级、转型发展的关键时期，信息化时代带来了大数据、人工智能等众多新兴科技，为高校思想政治教育管理工作的开展带来了新环境新要求。高校思想政治工作者要顺应信息化时代高校思想政治教育创新要求，在高校思想政治教育管理的顶层设计和整体决策中树立基于信息化时代发展背景的战略管理理念，推动高校思想政治教育管理从平面到立体、由静态到动态，推动高校思想政治教育战略管理理念引领高校思想政治教育管理始终立足于长远发展的战略高度。

2.形成基于互联网的成本效益理念。高校思想政治教育管理活动是一项以育人为目的的非营利性活动，但如果将高校思想政治教育看作一种教

---

① 卢文忠：《思想政治教育的战略管理研究》，《沧桑》2014年第5期，第170-172页。

育投资，在这个过程中高校投入的财力、物力和人力则属于投入的成本，人才培养结果则属于最终效益。从这个层面看，我们可以将经济学中的成本效益理念应用到高校思想政治教育领域，从"成本"和"效益"两个层面对高校思想政治教育管理展开分析，既要注重管理的成本还要注重管理的效益。特别是随着信息化时代的来临，各种新技术不断涌现，提高着高校思想政治教育管理效率的同时，很多高校也在思想政治教育信息化建设发展方面投入了大量成本，如何更好地平衡高校思想政治教育管理成本与管理效益之间的关系至关重要。从成本层面看，管理成本主要指为了促进高校思想政治教育管理的发展改革而应发生或实际发生的价值牺牲。高校思想政治工作者要从节省管理成本的角度出发，既要节省高校思想政治教育所需的人力、物力成本，还要借助互联网平台实现高校思想政治教育各要素和资源的分享及循环利用；从效益层面看，管理效益的提高就是通过科学合理地配置思想政治教育要素和资源，以最高的效率、尽可能少的消耗，实现最佳的管理效果。对此，就要求高校思想政治工作者把提高高校思想政治教育管理效益摆在中心位置，借助信息化手段，革新高校思想政治教育管理方式，提升高校思想政治教育管理效率。

3.树立数字管理理念。管理育人是高校育人体系的重要内容，与教书育人、科研育人、实践育人等共同形成教育合力，对学生、教师、学校管理者等均具有广泛而深远的影响。近年来，人类社会进入以数字化为特征的时代，数字信息技术开始快速发展和普及，数字化时代特征开始融入高校思想政治教育管理领域，高校思想政治教育管理育人迎来了数字化探索与建设。所谓数字管理育人理念是一种"以网络技术为核心，旨在通过数字化管理实现培育时代新人"[1]的理念。对于高校思想政治工作者而言，数字管理育人是高校思想政治教育管理育人的创新发展，是高校思想政治教

---

① 韩冬青：《高校数字管理育人的理念创新、价值定位与推进路径》，《新疆职业教育研究》2020年第2期，第7—10页。

育管理育人步入科学化、规范化、现代化的积极探索。高校思想政治工作者要树立数字管理育人理念，通过利用数字信息技术，实现对大学生在校期间数据信息的全程跟踪收集，充分利用一切数字资源，实现个性化、精准化管理，提高管理育人服务质量。高校思想政治工作者要致力于实现数字信息技术及管理技术在高校数字管理平台上的交流协作，汇聚高校各管理部门育人能量，建立起更广泛的高校思想政治教育育人体系。

（三）"信息化+评价"理念

高校思想政治教育评价就是"依据高校思想政治教育的目的要求，把握科学的评价原则，按照一定的标准和指标体系，采用适当的手段和方法，通过系统搜集资料和信息，对高校思想政治教育活动过程及其效果所进行的价值判断"[①]。"信息化+评价"是信息化时代对高校思想政治教育评价提出的全新课题。树立信息化思维，将信息技术与高校思想政治教育评价深度融合，贯穿高校思想政治教育评价的全过程，推动传统评价理念实现科学性、整体性的思维变革，不断创新信息化评价方法，形成更加客观科学的信息化评价标准，无疑是增强高校思想政治教育评价科学性和实效性、提升高校思想政治教育质量的重要途径。

首先树立主体多元化评价理念。我国向来重视高校思想政治教育的评价工作，2020年教育部学位与研究生教育发展中心印发了《关于公布〈第五轮学科评估工作方案〉的通知》，对全国具有硕士学位授予权或博士学位授予权的一级学科开展的整体水平进行评估。传统的高校思想政治教育评价主体多为教师或专家，评价主体相对单一，容易形成僵化的评价模式，不利于形成科学、有效的评价体系。对此，高校思想政治工作者要树立主体多元化评价理念，加强评价主体间的多向选择、沟通与协商，将高校、政府、学生、社会等评价主体结合起来。信息化时代，网络信息技术

---

① 张耀灿等：《思想政治教育前沿》，北京：人民出版社，2006年，第482页。

的发展打破了时间、空间的限制，特别是在教育评价方面具有广泛的普及性、实时的交互性和低廉的使用成本等优势。一方面，要充分利用信息技术促进高校思想政治教育评价主体的多元化。所谓评价主体的多元化就是要组织来自不同团体的人员加入其中，教师、学生、家长、主管部门、社会相关单位等都应该加入高校思想政治教育的评价中，共同组成一个"评价共同体"。信息技术的应用"使得评价对象本身、教育主管部门、社会用人单位分别实施的自我评价、主管部门评价和社会力量评价成为一种很现实的可能"[①]，有助于吸引更多的利益主体参与到高校思想政治教育的评价中，形成多元化的评价主体，推动高校思想政治教育评价向更加科学化的方向发展。另一方面，要利用信息技术为高校思想政治教育多元主体评价提供技术支持。当前，基于信息技术的社交软件表现出较强的包容性与开放性，为高校思想政治教育评价提供了一种有效的多元主体评价手段。高校、社会、学生等多元评价主体可以借助网络平台不断协同商讨，共同制定评价标准，在交流互动中联合开展评价活动。不仅如此，高校思想政治教育评价主体不但可以对个别主体进行评价，也可以利用群组等方式扩大评价范围，而且利用互联网匿名性的特征可以充分发挥评价主体的主体性和积极性，进而开展更真实、更客观的评价活动。

其次，树立方式多样化评价理念。传统的高校思想政治教育多采取结果性评价方式，即根据考试成绩进行评判，这种评价方式往往忽略了大学生的发展性特征和评价的过程性特征。对此，多样化的评价方式是克服评价概念化、抽象化倾向的有力手段，有助于发挥高校思想政治教育评价诊断、激励和导向等多重作用。信息化时代，借助信息技术，高校思想政治教育评价主体可以开通长期的网上评价系统，在不受地点和环境限制的条件下可以随时进行评价反馈，实现了短期评价方式和长期评价方式

[①]　陈晓明：《谈高校思想政治教育评价体系网络信息技术化的特点》，《思想理论教育导刊》2003 年第 6 期，第 58-59 页。

的结合。其次，还可以设计网络调查问卷，开展面向教师、学生、社会等群体的大范围调查评价。例如"问卷星"就是目前比较受欢迎的专业的网络问卷调查平台，这种调查评价形式更符合当前信息化时代的社会发展要求，更容易实现评价主体更多元、评价指标更丰富、评价结果更稳定的目的。最后，运用信息技术改革教学评价方式，开展集中于事前、事中和事后的全过程评价。在事前，高校思想政治工作者可以借助信息化手段以文字、图表、音频、视频等多种形式设计预测性评价，进一步了解、统计评价主体最关注的问题、最强烈的诉求等，为之后的评价做好充分准备；在事中，高校思想政治工作者可以借助信息化手段创新评价的流程，将鼓励性评价、诊断性评价、开放性评价等方式有机整合起来，突出高校思想政治教育评价过程中的"形成与发展"；在事后，高校思想政治工作者可以借助信息技术实现对教育评价工作的及时诊断和结果反馈，以达到快速改进的目的。

最后树立结果客观化评价理念。高校思想政治教育的评价结果不只直观反映了高校思想政治教育的表现和结果，还可以帮助我们找到高校思想政治教育中隐含的特征和未知的问题，对于高校思想政治工作者有针对性地改进教育活动具有重要作用。而客观的评价结果决定了高校思想政治教育加强和改进的成效，取决于高校思想政治工作者对评价信息的收集和对评价结果的分析。（1）推动评价信息数字化。相比于传统的纸质文字材料，依托于信息技术的数字化信息材料更方便、更易于保存和检索。因此，要推动高校思想政治教育评价信息数字化，借助网页、光盘、信息平台等形式，实现评价信息的记录和储存。（2）拓展评价信息的来源和渠道。要拓宽评价信息的获取渠道，广泛收集教育活动中的数据信息，深入挖掘评价过程的影响因素，通过归类、建档的形式将庞杂的评价信息进行整理，形成系统、有效的评价信息合集。最后，要对评价结果进行客观分析。高校思想政治工作者可以采用图表等可视化方式，客观、直观地反映出高校思想政治教育的评价结果，找出评价结果中隐含的特征规律和关键问题，便于有针对性地进行加强和改进。

三、基于发展层面的理念创新

"高校思想政治教育作为国家掌控高等人才意识形态的主要方式，同样需紧跟时代潮流，在教学过程中融入信息技术，提升思想政治教育现代化水平，高质量地完成大学生思想引领工作。"[①]高校思想政治工作者要立足信息化时代促进信息技术与高校思想政治教育深度融合的立场，运用新媒体技术推动高校思想政治教育信息化发展。

（一）"数字思政"理念

由互联网引发的数字化发展趋势正广泛深入到政治、经济、文化、教育等领域，催生了数字经济、数字教育等新型发展方式。所谓数字化就是"将各种复杂多变的信息，如文字、图片、音频、视频等，转变为可以度量的数字或数据，然后再将其转化为一系列计算机可以识别的二进制代码，存放在计算机内部并通过计算机和网络传播"[②]。数字化是信息化时代的重要特征。当前，互联网中的所有的信息都是以数字化的形式存在和传播。换句话说，互联网中的信息就是数字化了的信息。信息的数字化有很多的优势，例如信息存储形式变成了数字化形式，大大提升了信息储存量；互联网集文字、图片、音频、视频于一体，大大拓展了信息传播的形式，实现了信息的远距离交流与知识共享等。

信息化时代高校思想政治教育的创新依托于信息技术的应用，是高校思想政治教育创新发展的关键因素，必将给高校思想政治教育带来一场深

---

① 范琼：《信息技术与高校思政课深度融合的梗阻及超越》，《黑龙江高教研究》2020年第1期，第120-123页。

② 黄明伟：《大学生网络思想政治教育实施要素研究》，北京：新华出版社，2007年，第124页。

刻的变革。对高校思想政治工作者而言，认识数字技术在高校思想政治教育领域的重要作用，树立起"数字思政"理念，推动数字技术在高校思想政治教育理念、方法和实践等方面的应用。所谓"数字思政"理念不单纯指推动数字技术在高校思想政治教育领域的简单应用，还包括指导建立起基于数字化理念和数字技术的高校思想政治教育体系。具体来说，"数字思政"理念有以下两个层面。

一是认识数字技术对高校思想政治教育创新发展的重要作用。从高校思想政治教育的时间和空间看，数字技术的发展为人类构建起了一个人人可学、虚实并存的在线学习、移动学习和"泛在"学习新时空，学习者能在任何时间、任何地点进行学习，学习活动在网络空间中得以无限延伸。从教学模式来看，数字技术将人类迄今为止生产的全部知识统一以数字化的形式呈现在网络世界，极大地丰富了学生"学"的内容。此外，数字技术还构建了一个全新的、丰富灵活的知识呈现体系，促使教育者丢弃旧的而采纳新的思维方式，推动传统教学模式向崭新教学形态转换；从师生关系来看，数字技术极大丰富了师生交往的渠道和方式，师生间的交流更加平等，重塑师生间的关系。

二是借助数字化技术开展高校思想政治教育。数字化技术与高校思想政治教育的结合包括探索在线课程、专题微课、慕课等教育载体的创新，包括利用数据集合、数据统计等的教育管理的创新，对于提升高校思想政治教育效果具有重要作用。

（二）"精准思政"理念

所谓"精准思政"是指在"遵循思想政治教育规律的基础上，以推动现实的生命个体成长为目标，以现实的具体问题为着力点，系统性、针对性地实施思想政治教育的过程"[①]。习近平总书记多次强调精准的重要性，

[①] 李辉、孙晓晖：《精准思政：必要与可行》，《思想教育研究》2020年第6期，第3-8页。

提出"对准瓶颈和短板，精准对焦、协同发力"①，突出重点，对准焦距，找准穴位，击中要害，不能满足于一般化、大呼隆抓，针对问题要一一回应，具体解决，有针对性地实施精准对策。从哲学角度看，精准思维强调在分析问题时要全面细致地了解情况、深入精细地分析问题，直奔主题、直中要害，精准有效地解决问题、推动工作。教育部在高校思想政治工作问题上也多次强调要"注重精准施策"，"使工作的精细程度与科学化水平更高"。可见，精准思维与高校思想政治教育的融合是顺应学科发展和时代要求的选择，具有重要价值。在精准思维理念下开展的高校思想政治教育称之为"精准思政"。具体来说，"精准思政"理念包含以下几个层面。

一是精准识别。精准识别强调教育者要做到有针对性地掌握受教育者最想了解的方向和内容，提供满足其需求的教育内容和形式，是实现精准思政的前提。教育者要善于借助大数据等信息技术，收集受教育者在教育教学全过程的数据信息，精准识别受教育者的思想动态、行为模式和兴趣特长等，对受教育者进行全方位分析和预判。

二是精准定制。精准定制是基于精准识别的基础上，依据受教育者的不同需求，及时修订教育方案，制定更有针对性的教育内容，为精准思政的实施提供决策依据。高校思想政治工作者要通过对收集到的受教育者数据信息的差异性、关联性分析，加强对高校思想政治教育的合理规划，通过及时调整教育方法、丰富教育内容等的方式增强高校思想政治教育实效性。

三是精准滴灌。"精准滴灌"是针对传统高校思想政治教育中存在的"满堂灌"现象的深刻反思和路径探索，是推动高校思想政治教育"因时制宜、因地制宜、因材施教"②的重要环节。高校思想政治工作者要借助信

---

① 《推动改革举措精准对焦协同发力　形成落实新发展理念的体制机制》，《人民日报》2016年3月23日，第1版。

② 《习近平在学校思想政治理论课教师座谈会上的讲话》，《人民日报》2019年3月19日，第1版。

息技术精准捕捉受教育者的思想行为动态，从大处着眼、从小处着手，有针对性采取受教育者喜闻乐见的教育内容、教育方式等，增强高校思想政治教育的实效性。

四是精准评价。信息技术的介入使高校思想政治教育评价由定性评价向定量评价转变。借助大数据，高校思想政治工作者可以进一步发现教育工作中的薄弱环节，及时调整工作思路和方法，采取更富有针对性的策略和手段。

（三）"智慧思政"理念

伴随着数字化、网络化、智能化的时代发展，高校思想政治教育的互联化和智慧化发展趋势愈加明显，"智慧思政"的教育理念呼之欲出，高校思想政治教育逐渐走向智慧纬度。所谓"智慧思政"就是智慧课堂的应用与拓展，"是一种将现代信息化技术与思想政治理论课深度融合，充分发挥思想政治理论课全时全程育人特点的教学模式"[①]。我们可以从以下三个方面理解"智慧思政"理念。

首先，"智慧思政"理念以互联网技术为核心，推动现代信息化技术与高校思想政治理论课深度融合，打造智慧课堂。与传统的课堂教学相比较，智慧课堂更侧重于构建智能化、信息化的教学环境，致力于调动学生学习的积极性和主动性，可以显著提升高校思想政治理论课课堂教学的成效。

其次，旨在构建全域性的高校思想政治教育资源整合和数字服务平台，完成"思想云"的生成和凝聚，构架"思想云"环境，营造"思想云"空间矩阵，集成"思想云"平台，链接"思想云"资源，达成"思想云"服务，提高和优化高校思想政治教育的工作实效。

---

① 刘立丰：《基于移动互联网的"智慧思政"教学模式之探索》，《高教学刊》2020年第15期，第50-54页。

最后，打造思想政治教育"新生态"。"智慧思政"理念主张利用现代信息技术打通课堂内外，课上统筹推进"大思政"格局构建，促进专业思政、课程思政、特色思政课程育人；课外为学校管理者提供精准化管理、为学生提供智能化服务，打造集教学、管理、服务于一体化的高校思想政治教育体系。

本章小结

高校思想政治教育理念主要指的是高校思想政治工作者在对大学生开展思想政治教育工作实践中逐渐形成的思想观念、理想追求、精神向往和哲学信仰的抽象概括，是思想政治工作者在从事高校思想政治教育实践时所要遵守的根本指导思想和行为准则。高校思想政治教育理念在实践中不断创新，在创新中不断发展。信息化时代，高校思想政治教育的理念亟须丰富创新，以科学回应"培养什么人、怎样培养人、为谁培养人"的时代命题。本章从"信息化时代高校思想政治教育理念创新"入手，尝试从价值诉求、实践指向和发展解读三个层面深入分析高校思想政治教育的理念创新，以此引领信息化时代高校思想政治教育实践，激发高校思想政治教育发展动力。

第五章　信息化时代高校思想政治教育方法创新

信息化时代的高校思想政治教育创新"不仅仅是把思政课程网络化，更重要的是把技术作为创新思想政治教育的重要辅助工具及关键手段，促进技术与思想政治教育的融合"[①]。从这个层面看，信息技术是高校思想政治教育方法创新的关键。随着信息技术的不断发展，高校思想政治教育方法也必将不断创新。"整个方法创新过程离不开教育者、受教育者、技巧、实践应用四个重要维度，这四个维度形成较为完整的方法创新合力，构成有效进行思想政治教育方法创新的多维体系"[②]，本书提出"人机协作法""智慧思维法""智能教育法""预警干预法"四种教育方法，以回应信息化时代高校思想政治教育方法创新的时代诉求。

一、人机协作法

2017年7月，国务院发布了《新一代人工智能发展规划》，对于如何在高校发展人工智能做出了明确要求，强调"人机协作"成了未来教育的发展趋势。所谓"人机协作"就是指利用人工智能技术创造专门的学习和教学设计技术，弥补教师的短处，实现"教师与机器携手工作，而不是竞争"[③]的状态。信息化时代高校思想政治教育的"人机协作法"就是基于信

---

① 陆明：《教育信息化 2.0 时代高校思想政治教育改革创新发展研究》，《中国电化教育》2020 年第 11 期，第 134-139 页。

② 张毅翔：《思想政治教育方法创新最优路径的多维体系建构与实践》，《学校党建与思想教育》2011 年第 35 期，第 15-17 页。

③ Woguiap, Misras, Olu-Owolabief, et al.,"Artificial Intelligence, Artificial Teachers and the Fate of Learners in the 21st Century Education Sector: Implications for Theory and Practice, International" *Journal of Pure and Applied Mathematics*, 2018(6),pp.2245-2259.

息技术创新高校思想政治教育方法的角度，试图找到人工智能技术与思想政治工作者教育教学工作相融合的最佳契合点，通过重塑高校思想政治理论课教师角色，开发虚拟教育助理和构建智能教育大脑三种方式，进一步推动人工智能技术与高校思想政治教育的结合。

（一）推动教师与人工智能协作

当前，人工智能技术开始逐渐介入到教育领域，在这场由人工智能引发的教育变革中，教学实践活动开始向教师与机器智能共同主导的方向发展。高校思想政治教育也适时地加入这场教育变革。特别是随着人工智能技术在高校思想政治教育教学中的逐步应用，高校思想政治理论课教师面临价值定位问题。如何重新定位高校思想政治理论课教师角色与价值，如何重新划定人工智能应用的边界，成为推动高校思想政治理论课教师与人工智能技术协作发展的重要问题。

首先，高校思想政治理论课教师要成为人工智能技术的使用者，实现二者的优势互补。在教育教学中，高校思想政治理论课教师利用人工智能技术所具备的智能评阅、自动识别等系统帮助完成部分学生测评工作，进而开展更加快捷、精确的统计和分析；利用人工智能技术多维度地收集课堂教学数据，形成课堂教学分析报告，帮助教师实现自我反思和自我改进；利用人工智能为学生量身定制学习策略和学习方法，对学生进行定制化的教学和指导，从而弥补传统班级授课制的局限性，做到有的放矢、因材施教。

其次，高校思想政治理论课教师要成为人工智能技术的发展者，赋能人工智能教育底蕴。相比于人工智能的研制者和开发者，高校思想政治理论课教师作为人工智能技术的使用者，更能在使用过程中发现人工智能技术的不足之处，并从实践育人的角度对人工智能技术的发展提出建议，而一旦这些建议被采纳就意味着高校思想政治理论课教师同样切身参与了人工智能的创新发展。不仅如此，高校思想政治理论课教师在使用人工智能技术时，出于育人目的、教学需求、学科特点以及个人教学习惯等角度，必然会对人工智能技术有新的需求，而这种需求的产生也推动了人工智能技术的创新发展。

最后，高校思想政治理论课教师要成为人工智能技术的合作者，实现利用人工智能支持高校思想政治教育的最终目标。高校思想政治理论课教师在使用人工智能的过程中，不仅"受限于人工智能的'限定'与'强求'，同样还存在高校思想政治理论课教师对人工智能的'谋算'与'统治'"[1]。高校思想政治理论课教师与人工智能技术不是对立的，二者正在互相接受并适应彼此，以"合作"的模式共同开展高校思想政治教育。对于高校思想政治理论课教师而言，要掌握人工智能技术应用的规律与方法，积极探寻人工智能技术与高校思想政治教育的融合路径，不断在教学实践中营造出更智慧、更便捷、更精准的人才培养环境。

（二）开发虚拟思政教育助理

虚拟助理是指"在工程、计算机科学以及生物识别技术频谱接口的基础上发展起来的一项智能化应用，旨在向人们提供日常生活中多方面的个性化支持服务"[2]。虚拟助理的核心技术是人工智能与模式识别，例如我们熟知的人工智能客服、智能导航等，都可以根据具体情况做出合适的反馈，更好地满足人们的需求。近些年，虚拟助理开始应用于远程教育，是教育智能体的表现形式之一，被视为未来教育技术发展的重要内容。特别是随着新冠疫情在全球的蔓延，远程教育模式开始越来越多地渗透到学生生活中，成了当前教育领域发展的重要方向。高校思想政治教育近些年也积极投身于远程教育领域，慕课、微课等新型教育方式不断涌现。在这种

---

[1] 秦丹、张立新：《人机协同教学中的教师角色重构》，《电化教育研究》2020 年第 11 期，第 13-19 页。

[2] 詹泽慧、梁婷、马子程：《基于虚拟助理的远程学习　支持服务及技术难点》，《现代远程教育研究》2014 年第 11 期，第 95-111 页。

背景下，实现虚拟助理技术与高校思想政治教育的结合，打造基于高校思想政治教育工作以及教学需要的虚拟教育助手，可以显著提高高校思想政治教育效果。

一是学习资源的智能推荐。信息化时代的高校思想政治教育强调以学习者为中心，以促进学习者自主学习、个性化学习为主要目的，借助于当代信息技术来实现实时或非实时的交互性教育。因此，高校思想政治教育的虚拟教育助理要立足于突出学生主体地位的角度，始终以满足学生学习需求为出发点，充分发挥自身主动性、个性化、集成化、智能化等特点，从学习者的兴趣爱好、学习内容、学习情境、社会现实等方面出发，综合分析、考查和判断学习者的学习进度和未来学习意向，主动向学习者推送学习资源，提高学习者的学习效率。

二是开展交互式教育服务。传统的高校思想政治教育存在师资力量缺乏，师生间无法实现实时互动的困境。而虚拟教育助理可以替代高校教师开展远程教育服务，实现24小时的在线服务，随时解决学习者的问题。对此，要利用虚拟教育助理开展高校思想政治教育的学习引导服务，对于学习者感兴趣的知识点、学习中的困惑等通过交互式的学习服务，随时为学习者提供帮助。不仅如此，虚拟教育助理可以与学习者实现一对一的互动服务，不仅提高了学习者解决疑难问题的效率，也大大减少了思想政治工作者的工作量。

三是调节学习情绪。学习者长时间、连续性地学习必然会导致精神不集中、学习效果不佳、效率低下等问题，而虚拟教育助理可以通过情绪识别做出学习者已进入疲惫状态的判断，并向学习者发出提示性建议，如以音乐、图片、视频等多媒体形式向学习者推送一些娱乐性资源，缓解学习者紧绷的精神，帮助学习者放松和休息。

（三）打造智能思政教育大脑

当前，数据驱动的教育治理与教学创新并不完善，高校思想政治教育领域同样存在"数据孤岛""数据无章"等教育乱象，如何进一步优化海量数据采集方式，打破数据流通壁垒，推动高校思想政治教育向智能教育方向发展，这些都是信息化时代高校思想政治教育创新的核心议题。"人工智能教育大脑"在教育数据治理这一关键问题上，"通过给大数据植入数学算法，能够模仿人脑机制融合思考、解释预测海量数据的机理，进而做出有逻辑关系的相关行为信息判断"[①]。对于信息化时代的高校思想政治教育方法创新而言，同样要利用人工智能技术，从顺应教育数据处理与智能教育的本质需求出发，利用人工教育大脑技术赋能高校思想政治教育，为高校思想政治教育方法创新提供新的思路和手段。

一是学生课堂行为的有效识别。人工智能教育大脑在监管学生课堂行为、获取和分析学生行为数据方面具有重要作用。高校思想政治工作者利用"人工智能教育大脑"获取关于学生关于听课专注度、出勤率、教学互动频率、学习成绩等的数据信息，构建起学生课堂行为数据模型，描绘海量数据与学习者行为之间的变化规律，找到学生课堂行为与学习效率之间的逻辑联系。

二是精准刻画学习者画像。所谓学习者的画像主要是借助于大数据技术，通过整理搜集学生在学习中的行为、注意力、兴趣点等碎片化行为轨迹，挖掘出学生各种学习行为所反映出的学习习惯、学习态度等个人信息，是一份关于学习者的详尽的学情报告。由于学习者的学习行为数据处于不断更新、丰富的状态，故而学习者的画像也处于动态变化中。对此，为了进一步精准刻画学习者的画像，就要打造学生学习数据仓库，实现对学生学习数据的收集、汇总、清洗和整合；要准确精练地描述学生的特征

[①] 顾小清、李世瑾：《人工智能教育大脑：以数据驱动教育治理与教学创新的技术框架》，《中国电化教育》2021年第1期，第80—88页。

标识，为不同的学生群体打上"标签"，利用柱状图、折线图等可视化方式输出学生画像，方便高校思想政治工作者更直观地了解学生。

三是智能教学决策。借助于人工智能技术，高校思想政治工作者可以实现对学生数据的收集、表征、组织、分析和交流，通过分析和预测实现对学习者学习行为的精准把握。这也使得高校思想政治工作者的决策理念、决策过程以及决策结果更加的智能化和适切化，会真正地关照到每位受教育者的个性化需求。

二、智慧思维法

"教育的任务就是为人们养成经过检验而形成推理的思维习惯而创造环境条件。"[1]思考问题的方式决定了我们解决问题的效率和有效性。信息化时代，高校思想政治教育方法创新更多的是一种基于思维方法创新的结果。智慧思维法旨在引导大学生掌握一种更具智慧性的思维方式，"通过高级思维能力的提升，帮助学生更好地了解自我，形成个人对知识和学习的独特理解，从而改变自己的学习策略，提升学习效益"[2]。

（一）智能化思政导学框架

所谓导学框架，是一种指导学习的理论框架，这种框架是借助于人自身的思想与活动，以一个更宏观的视域把握课程学习中的知识，并统筹成一个相互联系的网状知识结构。依靠导学框架，学生可以理解和掌握不同学科之间的内在联系。而这种联系不仅限于各种学习文本，也包含了生活中可能存在的相关现象。学生可以更大限度地掌握跨学科知识，从而独立或协作解决复杂问题。从这个层面看，大学生在学习高校思想政治教育内

---

[1] 祝智庭、肖玉敏、雷云鹤：《面向智慧教育的思维教学》，《现代远程教育研究》2018年第1期，第47—57页。

[2] 祝智庭、肖玉敏、雷云鹤：《面向智慧教育的思维教学》，《现代远程教育研究》2018年第1期，第47—57页。

容时借助智能化导学框架就可以以一种"非线性"的方式将高校思想政治教育与其他各个学科联系起来，并依据自身的学习习惯和思维模式形成新的、更大范围的、相互联系的知识框架。导学框架不是教科书，不包含具体的教学内容，但它确可以"指明学习内容的基本操作流程，回答怎样学习的问题"[①]，为大学生更好地组织教学内容提供了便利。

信息化时代背景下，对于高校思想政治工作者而言，借助"导学框架"可以把任何事务组织到自己的教学中来，挖掘各个学科中蕴含的思想政治教育元素，通过导学框架"链接"知识点的功能，帮助大学生实现智能化学习。而由于教育者和受教育者角度和经验的不同，每个人都会构建出属于自己的导学框架，体现了个人的知识结构。基于此，大学生和高校思想政治工作者既是智能导学框架的设计者，又是智能导学框架的使用者。大学生可以利用智能导学框架自主确定导学活动涉及的具体学习内容，实现教学策略的自动学习；高校思想政治工作者可以利用智能导学框架预测学生的知识状态，向学生推荐个性化学习路径。

（二）图谱式思政知识体系

知识图谱指"通过可视化方式呈现领域知识之间的结构关系以及知识发展过程，描述知识的载体及其资源的可视化技术"[②]，可以有效提升知识质量。近些年，知识图谱也开始被应用到教育领域，有效支撑了教育知识的表示、存储、搜索、抽取等个性、精准的智能教育服务，可以帮助学习者识别、理解重要概念、建立知识联系，有效缓解了学习者学习中存在的知识碎片化的问题，对于提升学习者的自我效能感以及学习满意度具有重要作用。信息化时代，对于高校思想政治工作者而言，可以采取知识图谱描述高校思想政治教育各部分知识间的关联关系，实现对高校思想政治教

---

① 杨军：《导学框架：教学运作机制的颠覆与重构》，《科教文汇》2010 年第 8 期，第 55+64 页。

② 万海鹏、余胜泉：《基于学习元平台的学习认知地图构建》，《电化教育研究》2017 年第 9 期，第 83-88 页。

育知识的集合、建构、挖掘和呈现等。

首先，形成各门课程的知识图谱。高校思想政治工作者要借助于教学大纲、教材、教案等课程资料，以课程教学单元为基本单位，将各单元概念知识视为一个层级，抽取出相关概念知识点，形成课程的单元化语义知识网，再通过归纳总结各个课程单元之间的相互关系，建立概念知识合集，提高大学生知识获取便捷性的同时，进一步提高高校思想政治教育课程学习效率以及课程建设质量。

其次，搭建多学科课程图谱融合体系。高校思想政治工作者要在实现高校思想政治教育多门课程间知识开放共享的基础上，将各门课程知识图谱进行结合，形成多门课程之间的相互支撑，扩大知识覆盖面，助力于学生自主学习和深度学习。

最后，充分发挥知识图谱的教育服务作用。高校思想政治工作者要借助多课程图谱相融的教育体系，进一步提升高校思想政治教育个性化、精准化服务水平，解决高校思想政治教育课程与专业人才培养适应性、学生全面发展与个性发展适应性之间的问题，充分发挥高校思想政治教育知识图谱在促进大学生知识建构、知识迁移等能力上的积极作用。

（三）交互型思政数字教材

随着大数据、人工智能技术的快速发展，人类社会进入了智能化阶段。在这场社会变革的大浪潮中，人类知识的生产、存储、加工与传播方式都发生了巨大变化，由原来的静态的纸质形式转变为交互的数字形式，越来越多的知识开始以数字化的形式储存于网络虚拟空间，实现了知识的无限传播和共享。教材是承载知识的载体，数字教材的建设是技术与教育的深度融合，是教育现代化的关键环节。信息化时代，加强高校思想政治教育数字教材建设是创新思想政治理论课教材呈现形式的有效实践，有助于打破时空壁垒，让学习者实现时时处处地想学就学。数字教材中的内容也不再局限于文字和图片，精讲视频、互动游戏、动画等知识呈现形式，极大地满足不同学习者的学习需求，最大限度激发学习者的内在学习动力。具体来说，可以从以下三方面加强高校思想政治教育数字教材的建设。

一是要打造个性化数字讲义。高校思想政治教育传统的纸质教材适用于同步教学的需求，但却不具备个性化学习内容，无法满足异步教学的需要。正因如此，个性化数字讲义随之出现。本书强调的个性化数字讲义是教师根据个性化教学需要而设计的形式多样、内容丰富、满足不同学习需求的数字教材包。这个数字教材包中的内容是高校教师按照知识点进行分类，自行设计和撰写，内容丰富且清晰。高校思想政治工作者可以根据收集到的学生数据信息，有针对性地向学生推送教材、教辅，提高学习者的学习效率。

二是促进开放式数字资源导入。承载数字教材的高校思想政治教育数字教育平台应该是开放的，不仅要链接出版社的电子书、网络学术资源、科技公司或学术团队的教育资源，还要保持源源不断地导入数字资源，提升数字教材质量。

三是开发交互式数字教材。交互式数字教材融合了智能终端的功能特性，集成了富媒体数字教材以及移动互联网、云服务等技术，为用户提供了包括视觉、听觉、触觉等在内的情景化、形象化的教材内容、交互设计以及学习体验。特别是随着VR、图像识别、3D打印等技术与数字教材的深度融合，学习者可以通过触摸、语音、手势等交互通道和交互技术实现与教材内容的互动，增强学习者的学习兴趣，提升学习者的学习效率。

三、智能教育法

信息化时代，云计算、大数据等智能系统可以完成"教学行为人性化、人机通信自然化、复杂任务代理化的任务"①，为高校思想政治教育的方法创新提供重要的技术支撑。

（一）打造智慧思政课堂

传统的高校思想政治教育多采用面对面的方式授课，存在学生参与度差、教师积极性差、课堂教学效果差等缺点，不利于提升高校思想政治教育效果。随着信息技术与校园基础建设的深度融合，人们开始将目光转向教育教学模式创新及课堂教学行为的分析与研究，通过大量收集教学数据，可以全面且及时地识别课堂教学行为，进一步完善课堂教学设计、加强课堂教学管理，打造高校思想政治教育智慧课堂。

开展课堂教学行为智能分析。首先，收集课堂教学行为数据。开展课堂教学行为的智能分析需要获取海量的教学行为数据。高校思想政治工作者要将教学行为数据的收集从课堂教学延展至备课、作业等课前和课后环节。其次，采取恰当的教学行为分析方法。高校思想政治工作者可以根据具体情况选取恰当的教学行为分析方法，如S-T教学分析法、弗兰德斯互动分析系统（FIAS）等，描绘教师教学行为的具体表现和行为特征，量化教师的课堂教学行为，进一步提升课堂教学行为数据的可靠性。最后，提高课堂教学行为分析结果的可解释性和可操作性。从事高校思想政治工作的老师可能对数据的分析并不擅长，他们需要将基于数据信息的教学分析转化为基于教学改进的决策建议。该对策建议要通俗易懂且符合教育教学规律，要在挖掘高校教师教学行为规律、发现教师教学不足之处的同时，提供更具可信度、可操作性的教学改进方案，为教师的专业发展和教学质量的提升提供有力支持。

加强课堂教学设计。高校思想政治教育的智慧课堂是一场基于信息技术平台开展的以学习者为中心的教学活动。信息化时代，高校思想政治

---

① 祝智庭：《教育信息化：教育技术的新高地》，《中国电化教育》2001年第2期，第5-8页。

工作者要通过加强课堂教学设计，为"教"与"学"的渗透、融合提供有利条件。教学设计大致可分为三个阶段：在课堂教学前，要对学生的学情进行客观评价，并在此基础上制定出合理的学习目标及教学目标。除此之外，还要结合课时长短与授课内容，利用网络平台下发知识框架、学习资源、教学内容的重难点等，方便学生进行课前的功课预习；课堂教学中，要听取学生的课堂知识分享、网络交流平台上分享的学习总结和难点问题，开展更具针对性的答疑和讲解；课堂教学后，将课堂讲解的知识点以及学生反馈的问题进行整理归纳，上传至网络移动平台，供学生课后复习巩固。同时根据学生们"在线填写"的重点难点问题，及时进行教学辅导，促进学生课堂知识的"吸收内化"。

实施精准教学。精准教学是一种面向高校知识教学的方法，是通过利用大数据技术手段对学生行为数据进行收集、分析和反馈，进而针对学生需求采取精准化教学策略，为学生提供个性化服务。首先，实现教学目标的精准。教学目标是选择教学资源、开展教学活动、评价教学效果的标准，精准的教学目标是开展精准教学的重要前提。信息化时代，信息技术赋能高校思想政治教育整个教学过程，教师可以在精准掌握学生学情信息的基础上，形成基于学生现状的更具指向性的个性化教学目标，推动教学活动更加多元丰富、智慧灵活。其次，实现教学过程的精准。教师立足于促进学习者个性化精准学习的需要，利用技术工具建构一个有效的教学环境，实现教学资源的汇集与呈现、随时关注学习者的学习状态、诊断评估教学目标达成程度，以便随时调整教学设计。最后，实现教学干预的精准。教师在发现教学问题后，选取恰当的时机、利用适当的场景、采取精准的教学手段对学生学习活动进行更加及时、准确、全面的干预。

（二）开设同步直播课堂

所谓同步直播课堂指借助卫星或地面网络将优质课堂资源同步直播到需要的学校或班级，从而实现跨时空课堂同步。同步直播课堂的开展有效缓解了师资匮乏的问题，为实现优质教育资源共享提供了重要途径。但由于同步直播课堂教学中学生的视觉焦点只有电子白板或大屏幕电视，很容易出现注意力分散的现象，不利于学生保持饱满、连续的学习状态。不仅如此，由于学生和教师之间难以实现眼神交流，学生无法与教师建立亲密关系，从而影响了学生的学习效果。究其原因，除了归因于学生个人的主观能动性，还归因于缺少远端教师的监督与辅导，对此，必须充分提升同步课堂的大学生参与度，发挥远端教师助学作用，切实引导学生参与到同步直播课堂的教学中。

一方面，提升高校思想政治教育同步直播课堂大学生参与度。大学生的课堂参与主要体现在师生间的互动。对此，教师要设计合理的会话结构，不但突出教师的会话引导作用，还突出学生的主体地位，让学生切实在对话互动中感受到参与的乐趣；以提升学生的获得感为出发点，使学生在学习的过程中获得更多的交流体验；关注同步直播课堂可能会出现的师生情感交流不畅的问题，在授课中要学会利用语言、表情甚至肢体动作去调动课堂气氛、感染学生，让课堂充满生机。

另一方面，发挥远端高校教师助学作用。所谓远端教师是相对前段授课教师而言的，"由远端学校委派的、辅助远程直播教学开展、辅导学生学习工作的专任教师"[①]。课前，远端教师需掌握前端教师教学方案，明晰前段教师教学流程，根据前段教师教学安排制订课堂辅导方案，引导远端学生开展课前预习，做好课堂远程设备检查工作，确保同步直播课程顺利开启；在课中，当前端教师布置课堂任务、开展远程课堂互动时，远端教师要积极组织、引导远端学生参与前端教学活动。信息化时代，远端教师还要担负起课堂监督管理的职责，时刻关注远端课堂动态，确保远端学生具有积极的学习状态；课后，远端教师实现对远端学生的分层分类评价，

---

① 常咏梅、张乐等：《同步直播课堂远端教师助学策略研究》，《电化教育研究》2020 年第 11 期，第 116-128 页。

特别是对于遇到学习困难的学生，要进行有针对性的辅导，辅助前端教师共同完成教学任务。

（三）开展基于VR技术的分布式教学

在分布式认知理论看来，"认知现象不仅包括个人大脑中所发生的认知活动，还涉及人与人之间以及人与技术工具之间通过交互实现某一活动的过程"[①]。认知过程分布于认知主体与主体所使用的工具、主体所处环境等共同构成的认知系统中，且认知主体与系统中的环境、工具和手段间相互关联。分布式教学是基于分布式认知理论开展的教学活动，强调从认识系统的视角出发看待教学工作，将分散开的节点进行链接，发挥不同节点间的协同作用。当前，国内外的分布式教学都呈现出了智能化发展趋势。多媒体技术与仿真技术结合形成的虚拟现实技术（Virtual Reality Technology，简称VR）作为一种新型教学手段，在分布式教学中广泛应用。

信息化时代，对于高校思想政治工作者而言，要借助于当前5G网络普及的契机，探索基于VR技术的高校思想政治理论课分布式教学新模式。

首先，重塑学习场域。利用5G技术将散落于不同节点的教师和学生串联起来组成一个自组织的、开放的分布式系统，借助VR技术创设一种更加立体、更加直观的虚拟现实教学情境，达到仿真教学的效果，为线上教学提供坚实的教学体验支持。

其次，促进多维度教学互动。立足于在线教育监督缺位、情境孤立等问题，借用人机交互等人工智能技术创设促进一种人体感官与虚拟现实场景交流互动的系统，实现资源的共享与协同式交互，最大程度实现类似于实际教学中面对面教学互动的效果。

最后，强化师生体验。基于VR技术的分布式教学要以增强师生体验为

---

① 周国梅、傅小兰：《分布式认知：一种新的认知观点》，《心理科学进展》2002年第2期，第147-151页。

切入点，以为高校思想政治教育有效教学提供情感支持和社会交往支持为目的，模拟日常生活中真实存在的教学情境，在更加立体化、可视化和动态化的虚拟现实空间中调动起师生的主观能动性，让师生双方在逼真的教学情境中激发出在线教学更大的活力，改善高校思想政治理论课在线教学效果不理想的现象。

四、预警干预法

以大学生学习效果为核心的信息化时代高校思想政治教育预警干预法强调在大量、全面收集大学生在线学习行为数据的基础上，利用多种数据处理工具多模态、多角度地测量和分析大学生学习行为数据信息，为大学生创造设计一种更具温度和情感的教学情境，同时实现对大学生在线学习倦怠感的有效监控，及时对大学生学习行为进行有效干预。

（一）创设情境体验环境

一个好的教学情境能有效地激发学生的学习兴趣，吸引学生积极参与学习活动，对学生的学习起到推波助澜的作用。近些年，3D投影技术、虚拟现实技术、立体环绕音响等技术飞速发展。高校思想政治工作者要抛开以往对技术的成见，站在信息时代的坐标，善运用信息技术巧妙创设更加真实、生动的教学情境，引导学生积极体验、主动学习。

首先，情境体验一定要紧扣教学内容、还原生活内容，突出课堂教学的实质，要有"生活气息"。高校思想政治工作者让学生在"富有情感"的教学体验中掌握基本的理论知识和技能，在熟悉的政治环境、课堂环境和社会环境中探寻、发现、感受知识内容的亲切。让学生在生动具体的情境中学习，使学生在生活情境中体验和学习鲜活的内容，在亲历的过程中理解并建构知识、产生情感、发展能力。

其次，高校思想政治工作者要深入了解学生的年龄、生理和心理等特点，从学生的生活实际、已有知识和经验出发，根据学生的认知特征和规律，对学生的生活经验和学习环境给予充分评估，创设出实际的或模拟的"生活情境"及"童话情境"，让学生通过"生命体验"和"主体参与"，对抽象问题进行具体化解释与应用，让他们在课堂上灵动、发展起来，有效激发其内在的深层次需求，努力打造有效的教学课堂。

最后，利用富有感性色彩的素材调动学生的情绪，让学生对学习充满热爱。高校思想政治工作者在具体的教学中要让情境为"体验式教学"服务，围绕具体可行的课堂教学目标，创设切合实际并带有一定难度的情境，使创设的情境生动有趣、富有挑战性，充分激发大学生的学习兴趣和学习动力。

（二）在线学习倦怠预警

信息化时代，随着物联网、人工智能等信息技术的快速发展，高校思想政治教育在线学习逐步走向大规模与常态化。在线学习在支持跨时空交流和保障资源共享的同时，降低了教育者与学习者、学习者与学习者的互动交流，导致部分学习者出现学习倦怠现象，且有愈演愈烈的趋势。学生在进行线上学习时，学习倦怠主要表现为缺乏学习热情、丧失学习兴趣、不主动交流、不爱反思等消极的态度或行为，从而导致持续学习意向不强，整体学习效率降低。学生学习倦怠的出现一般会经历"了解、无好感、倦怠与拒绝"[①]四个阶段。一旦学习者达到了第四个阶段，即拒绝，则任何形式的学习行为干预都无法取得效果。因此，高校思想政治工作者如何在在线教学活动中及时识别和有效缓解学习者的学习倦怠情绪是提升在线学习质量的关键所在。

首先，获取学习倦怠预警基础数据。高校思想政治工作者要对学习者的在线学习数据进行跟踪收集，包括学习者回看视频次数、视频学习时

---

① 爱玲：《大学生学习倦怠及其影响因素研究》，硕士学位论文，济南：山东师范大学，2006年。

间、资源下载次数、参与讨论次数等数据，对学习者倦怠状态与发展趋势进行预测评估。

其次，识别大学生在线学习危机。高校思想政治工作者可以从学习状态、学习交互、学业水平三个维度对学习者在线学习表现进行评价，如在线学习者出现情绪低落、行为不当或成就感低等现象则可以作为预警指标。

最后，构建在线学习倦怠预警机制。在学习过程中，设备会收录学生的学习信息，对可能出现的学习倦怠做到及时预测，设置预警机制，一旦达到预警级别，就会及时地对学习者发出提醒。

（三）在线学习行为干预

信息化时代，数字化的学习设备和网络化的学习平台被大量应用于高校思想政治教育的各个环节，为受教育者提供数字化、智能化、个性化学习服务的同时，也打破了传统高校思想政治教育中大学生学习过程难以监测、学习数据难以收集的困境，为高校思想政治工作者收集和积累大学生学习数据提供了重要保障。基于大量学习行为数据的学习诊断与学习行为干预决策可以更好地满足大学生个性化学习需求，进而开展更有针对性的教学活动，更好地将动态评估与学习干预相结合。所谓学习干预是"以基于学习过程的教育大数据的分析为基础，针对每位学习者的具体学习状态而实施的各种支持性策略和指导性活动的综合"[①]。以往的学习干预主要指高校思想政治工作者对课堂教学环节、社会实践环节、作业完成情况等的评估判断，并通过调整授课内容、个别辅导等活动改善学生学习效果。与传统的高校思想政治教育学习干预相比，信息化时代的大学生学习行为干预更侧重分析学生的学习行为，挖掘影响大学生学习行为的深层次原因，

---

① 李彤彤、黄洛颖、邹蕊等：《基于教育大数据的学习干预模型构建》，《中国电化教育》2016 年第 6 期，第 16—20 页。

并及时向高校思想政治工作者输送具有针对性的教学改革建议，或向大学生提供更具个性化的学习改进方案。因此，对于高校思想政治工作者而言，要从以下几方面入手对大学生的学习行为进行干预。

一是提高大学生主动学习态度水平。高校思想政治工作者要践行"学生主体"的教学理念，建立以大学生和知识掌握为中心的学习环境，将大学生真正定位为课程学习的主体角色，关注大学生的个人兴趣和求知欲，开展启发式和互动式教学，着力提升大学生的主动学习态度水平。

二是改善大学生在线学习环境。高校思想政治工作者要充分考虑大学生在线学习的接受水平，结合课程内容和学习任务设计出更有吸引力的话题，多引入实践性、探索性的互动内容，促进更深层次的行为交互和黏性更强的互动投入，引导大学生主动参与知识建构；还要加大对信息技术的关注度和重视程度，不断优化在线学习平台系统质量，提升大学生的用户体验，提升在线教学平台整体效能。

三是确保干预措施的精准度和可操作性。高校思想政治工作者要结合不同层次在线学习者的学习特点，提供指向性更为明确的学习引导路径，达到科学、及时、准确的干预效果，并追踪学习者新的学习状态，根据干预结果及时调整干预方式，不断提升干预的精准性。

本章小结

信息技术的快速发展推动了高校思想政治教育的创新，高校需要立足信息化时代发展，探寻新方法，有效开展高校思想政治教育。本章在把握信息化时代特点、直面信息化时代课题的基础上，提出了"人机协作法""智慧思维法""智能教育法""预警干预法"四种教育方法，与时俱进地促进高校思想政治教育方法创新。

第六章　信息化时代高校思想政治教育载体创新

"思想政治教育载体是一个实践范畴，也是一个发展范畴。"[1] "思想政治教育载体具有很强的时代性，它随着社会历史条件的变化和思想政治教育实践的发展而不断发生新的变化。"[2]当前，随着信息化时代的发展，信息技术的运用对高校思想政治教育工作的影响力正由弱变强，"网络载体已经成为教学的主要工具和主阵地，研究网络载体的运行是每一位高校思想政治教育者的责任"[3]。因此，高校思想政治教育载体开发创新必须要"适应时代发展的要求，围绕思想政治教育内容的变化，结合广大人民群众的实践活动，把理论与实践创新结合起来，从当前时代特点、实践活动、载体设计等方面来探讨信息化时代高校思想政治教育的载体创新"[4]。

一、打造思政媒体教育矩阵

"媒体矩阵"是近几年来出现的一个新型名词，它是将矩阵的概念与媒体应用相结合，主要指将微信、微博、博客等不同性质的媒体共同结合，"借此实现'一次采集、多种生成、多元传播'的传播模式"[5]。当前，高校思想政治教育载体开始向多种模式互动、多种介质互融的方向转变，以"微"载体、手机载体、网络娱乐载体等媒介载体为支点，共同打造一

---

① 陈万柏：《思想政治教育载体论》，武汉：湖北人民出版社，2003年，第20页。
② 孙梦婵、杨威：《论新时代思想政治教育载体的新发展》，《思想政治教育研究》2018年第3期，第63-67页。
③ 李泽虹：《构建高校思想政治教育网络载体的策略研究》，《山东社会科学》2015年第S2期，第365-366页。
④ 张耀灿、郑永廷等：《现代思想政治教育学》，北京：人民出版社，2006年，第414-417页。
⑤ 陈杏兰：《"媒体矩阵"建设中的三个思维误区》，《传媒》2020年第11期，第65-67页。

种网状的媒体教育矩阵，进一步加强教育者和受教育者间的互动交流。

（一）"微"载体

"微"是信息化时代发展的新标志，"微"载体的普及与发展已然成为信息化时代人们的一种生活新方式。高校思想政治工作者要认识到"微"载体在教育信息传播方面的优势。

首先，开发和利用以微信、微博为代表的"微"载体。微信、微博等为代表的"微"媒体既符合当代人们的价值观念，又符合当代人的使用习惯，是使用率极高的即时通信软件。高校思想政治工作者要重视"微"媒体作用，开通官方微博、微信，构建校园"微平台"，将时事政治、社会热点、国家重大事件等内容，通过文字、图片、视频等方式上传至平台，抢占网络信息制高点，弘扬主旋律文化，传播社会正能量，扩展大学生知识面；高校思想政治工作者要根据大学生实际需求，通过平台推送一些学生普遍关注的学习、心理、就业、情感等方面文章，增强高校思想政治教育内容的吸引力；除此之外，还可以创设班干群、班级群、党员群等，加强和学生的互动交流，及时解决大学生日常学习生活中所遇到的问题。

其次，开发和利用以"微弹幕"为代表的"微"载体。所谓"微弹幕技术"是指"利用微信与局域网连接，将评论以滑动字幕的方式实时发送在屏幕上"①。当前，随着局域网在我国境内的大面积覆盖和微信的广泛应用，已经具备了将"微弹幕"技术引入高校思想政治教育课堂的物质基础。从高校思想政治工作者的视角来看，大学生的思想动态和对课堂内容的接受度是衡量教学效果的重要指标。因此，借助"微弹幕"技术可以更直观地了解学习者的注意力集中程度、对知识点的掌握程度和学习中所面临的困惑等动态信息，有利于高校思想政治工作者实时判断大学生学习状

---

① 何文晔、高男男、徐世才：《微弹幕技术引进高校课堂中的可行性分析》，《中国培训》2016 年第 7 期，第 141 页。

态。高校思想政治工作者可以将课堂教学内容制作成相应的小视频或微电影，将其上传至课堂投影屏幕，然后大学生以"微弹幕"的方式将自己的观点和想法投射到屏幕上，在创新高校思想政治理论课教学模式的同时，也提高了学生的课堂参与热情。从学生的视角看，"微弹幕"为自己提供了一个平等交流契机。在传统的高校思想政治教育课堂中，师生的互动方式较单一，无法照顾到多数学生的想法，而"微弹幕"技术的应用可以很好地弥补这一不足。借助"微弹幕"实时性、交互性、开放性的特点，学生可以将听课过程中的疑问和想法发送至大屏幕，不仅有效缓解了学生和教师面对面沟通时的心理压力，而且可以让每一位学生都有公平的参与机会。在这个过程中，每个人都是被尊重、被满足的个体，极大地提高了学生的积极性。不仅如此，"微弹幕"的信息往往表达的是学生最真实的思想观点。高校思想政治工作者可以借此掌握学生的思想动态，并结合学生的需求，及时对教育内容和教学进度进行调整，从根本上提高了高校思想政治理论课课堂教学的效率和质量。

最后，开展"微公益"公益实践项目。基于社交网络、面向广大网民日常生活的"微公益"，作为国内新兴产业也搭上了信息化时代的这辆高速列车。"微公益"的"微"在于从微小的公益事情着手，借助微信朋友圈、微信公众号和一些小程序等去传播公益项目、发布公益信息、参加慈善公益活动，用自己的行动去帮助有需要的人，为社会和他人做自己力所能及的善事，并最终将看上去微小的善举汇集成为一股强大的社会公益力量。因此，"微公益"是一种具有教育意义的高校思想政治教育新载体。高校思想政治工作者加大"微公益"活动的宣传力度，帮助更多学生了解"微公益"活动的价值意义，让微公益活动走进学生视野。要引导更多的大学生加入"微公益"活动中，增强学生参与奉献的主动性和积极性，培养学生的公益精神和社会责任感；借助"微"媒体开发微公益实践项目，如爱心义卖、关爱留守儿童等活动；可以把高校思想政治教育寓于微公益社会实践中，引导学生将课堂知识转化为实践，真正做到知行合一，在实践中提升自我价值、获得满足感。

（二）手机载体

信息化时代，随着科学技术的发展，手机开始从单纯的通信工具转化为集通信、上网为一体的智能工具，是高校思想政治教育大众传播载体之一，这就需要高校思想政治工作者立足信息化时代发展背景和需求，进一步探究手机载体在助推高校思想政治教育发展方面的重要作用。

一是手机应用程序客户端。高校思想政治工作者要抓牢移动互联网这一新兴平台，将手机应用程序作为高校思想政治教育新载体。首先，高校思想政治工作者要设计一款融思想性、价值性、趣味性、知识性、实用性、互动性于一体的手机应用程序，突出思想政治主题，形成一套掌上高校思想政治教育系统，扩大高校思想政治教育影响力。其次，手机应用程序中的教育内容要接地气，要符合大学生群体的学习习惯、关注焦点和兴趣方向，要将晦涩难懂的理论知识和社会实践相结合，使高校思想政治教育真正"活起来"。再次，手机应用程序中高校思想政治教育内容的呈现形式要新颖多样，语言表达要生动活泼，要以大学生的个性特征、行为习惯、思考方式作为标准，探索更加幽默、生动、活泼的高校思想政治教育形式。最后，手机应用程序的设计要色彩鲜明，简单大方，既能立刻抓到大学生的眼球，又不过分张扬，在错落有致中提升大学生的好感度。

二是手机报。手机报是指依托手机媒介将纸质报纸的新闻内容进行数字化传播，是电信增值业务和传统媒体相结合的产物。高校思想政治工作者可以将手机报打造成密切联系大学生群体、宣传高校思想政治教育内容和传递正能量的重要载体。首先，要丰富信息传递方式。为避免因为信息过量造成受众阅读负担，可以对读者需求进行详细分类。比如可以用精简标题加内容梗概的方式，方便读者迅速获取信息内容。而对于需要进行深入阅读的读者，可以采用链接跳转的方式引导读者进入详细页面进行全文阅读。其次，高校思想政治工作者可以对受众进行分类，精准发送手机报，达到快速、有效的教育效果。同时还可以开发定制功能，完善内容版式，以内容吸引人。最后，在手机报的建设中要探索加强与受众的互动沟通，回应受众需求，探索更多风格的表现形式，不断提高用户黏度。

三是手机短信。手机短信是一种最常见最基本的手机媒体运用形式，高校思想政治工作者可以利用其使用范围广、针对性强的特点开展高校思想政治教育工作。高校可以搭建手机短信平台，将学校的一些管理信息、活动通知、工作安排等以短信形式群发给大学生，为广大师生提供及时、方便的服务，提高高校思想政治教育工作的效率。由于短信发布需要的成本较低，且传播及时、灵活度高，因此高校思想政治工作者要善于利用手机短信与学生建立起民主友好的关系。当然，也可以设置一些专题手机短信，定期进行发送。比如一些天气预警、安全常识、节日祝福等。

（三）网络娱乐载体

高校思想政治教育载体必须达到以下两个要求：一是必须能够进行正确的思想文化传播，能被教育者使用。二是要能够将主体和客体紧密联系起来，促进二者的互动。娱乐活动是网络生活的重要组成部分，将高校思想政治教育与网络娱乐相融合、将教育内容融入网络娱乐之中、将网络娱乐作为新的教育载体，是信息化时代高校思想政治教育载体创新的必然选择。

短视频。麦克卢汉表示"越是符合人类天然的各种感官的需求的媒体技术越是容易被人所接受"[1]。网络短视频凭借其创作门槛低、互动性强、内容精练等特点迅速在社交媒体网络"攻城略地"，受到了大学生的青睐。信息化时代，高校思想政治工作者要认识到网络短视频在信息传播方面所

---

[1] 牟怡：《传播的进化：人工智能将如何重塑人类的交流》，北京：清华大学出版社，2017年，第5页。

具有的优势，将其引导到高校思想政治教育工作中。首先，要积极挖掘生活中的素材，创造内容多样、阳光正面的网络短视频。高校思想政治工作者要从大学生的日常生活入手，挖掘贴近大学生生活的教育素材，引起大学生的情感共鸣。从多角度入手进行短视频创作，包括红色主题、科技教育、普法教育视频、人生哲理短视频等都是很好的教育题材，既可以满足大学生多样的需求，又能加强高校思想政治教育的渗透。其次，加强网络短视频的设计，吸引大学生的注意力。高校思想政治工作者在制作短视频时要尽量做到精简，时间不宜过长，内容简明扼要，既突出重点又不冗长，还可以辅以视频或音乐，配合逻辑清晰的文字解说，必然可以获得更多大学生的喜欢；在制作短视频的过程中要加强马克思主义理论的宣传，正确引导学生认清国内外形势，帮助学生分辨复杂的意识形态环境，不断提高大学生的思想政治素质和应对复杂网络环境的能力。最后，要构建一支网络宣传队伍。各高校要认识到网络思想政治教育的重要性，鼓励、支持高校思想政治工作者投身到网络短视频教育工作中，打造一支优秀的短视频工作队伍，不断推动高校思想政治教育网络短视频建设工作。

网络游戏。"游戏是最有效的教育干预方式之一。"[①]网络游戏也称"在线游戏"，具有极强的互动性、故事性和趣味性，符合大学生身心发育的特点和规律，能够吸引大学生加入其中。不仅如此，网络游戏可以承载一定的价值观，可以在互动中起到教育的效果。因此，高校思想政治工作者要将网络游戏作为高校思想政治教育的新载体。一方面，挖掘网络游戏中隐藏的高校思想政治教育价值。可以将"教育"与"游戏"相融合，在游戏主题设置、人物设置、功能设置、环节设置中渗透高校思想政治教育内容，实现趣味性和知识性的结合，增加高校思想政治教育的吸引力和感染力。另一方面，要发挥网络游戏"寓教于乐"的功能。高校思想政治工作

---

① 刘凯、王韶、隆舟、王涛：《"智适应"理论与实践——第三届人工智能和自适应教育国际大会综述》，《开放教育研究》2019 年第 5 期，第 33-48 页。

者要以学生的兴趣爱好为基础，开发出既蕴含知识性又包含娱乐性的小游戏，让学生在休闲娱乐的过程中学到知识，达到寓教于乐的目的。

二、创设思政教育虚拟社区

教育虚拟社区是"在现代网络环境下应教育与学习发展的需求而逐渐发展起来的进行教育教学活动的数字化虚拟空间"①，在扩展教学时空、共享教育资源、交互教学手段等方面具有重要作用。可见，创设高校思想政治教育虚拟社区有助于提升高校思想政治工作者的教学实效性，为高校思想政治教育远程教学的产生与发展提供了可能。

（一）优化社区课程资源

课程教学质量是直接影响人才培养质量的核心要素。我们可以从以下几方面入手打造高校思想政治教育虚拟社区优质课程资源。

一是打造精品慕课资源体系。高校思想政治教育课程主要在课堂教学中进行，而慕课在网络中发展比较成熟，对高校思想政治理论课的课堂教学是一种很好的补充和辅助。高校思想政治工作者要组织一支有丰富经验、专业能力强的教师团队，挖掘、整合、完善慕课教学体系，打造一批慕课精品课程，形成更加完整的知识传播体系。可以将线上教学与线下实践结合起来，适当加入一些专家讲座、辩论比赛和知识竞答等活动内容，形成线上线下育人合力；可以加强校际合作，构建资源共享平台，丰富思想政治理论课的教学内容，为学生提供更多的选择。

二是打造精品专题微课。首先，选取合适的专题。在开展高校思想政治教育的过程中，以学生的喜好为基础，选取既符合思想政治教育的重点难点内容，又符合大学生需求和兴趣的教育专题。如开设马克思主义中国

---

① 张红艳、胡凡刚：《基于教育虚拟社区的教学交往组织形式的探究》，《远程教育杂志》2008 年第 1 期，第 43-47 页。

化时代化教育专题。"马克思主义是我们立党立国的根本指导思想，是我们党的灵魂和旗帜。"①中国共产党"不断推进马克思主义中国化时代化，指导中国人民不断推进伟大社会革命"。加强马克思主义中国化教育可以让大学生了解和掌握马克思主义理论在中国发展的历史和现状，有助于引导大学生用"马克思主义观察时代、把握时代、引领时代，继续发展当代中国马克思主义、21世纪马克思主义"②；还可以开展党史学习教育专题。"党的历史是最生动、最有说服力的教科书。"③"学习党的历史，是坚持和发展中国特色社会主义、把党和国家各项事业继续推向前进的必修课，这门功课不仅必修，而且必须修好。"④当代大学生是新时代坚持和发展中国特色社会主义、把党和国家各项事业继续推向前进的重要力量，必须要了解、学习和掌握党的历史，这就要求高校思想政治工作者必须要"着力讲好党的故事、革命的故事、英雄的故事，厚植爱党、爱国、爱社会主义的情感，让红色基因、革命薪火代代传承"⑤。除此之外，还开可以开设心理健康、社会主义核心价值观、爱国主义教育、就业指导等在内的专题微课，有针对性地开展教育活动。其次，要在制度层面加强对专题微课建设的支持。高校要重视专题微课建设，加大人力、物力、财力支持，制定相关激励制度，提高高校思想政治工作者的积极性。最后，要提供技术支持。高校要加强微课教学设计和微课课程开发的技术支持，建设专题微课交流学习平台，在设计、开发、应用、管理、评价等方面为打造专题微课提供技术支持。

三是打造虚拟仿真课程。虚拟仿真课程是基于虚拟仿真实验平台，根据课程实践需要设计的虚拟环境。这种虚拟环境的出现改善了当前高校思

① 《在庆祝中国共产党成立100周年大会上的讲话》，《人民日报》2021年7月2日，第2版。
② 《在庆祝中国共产党成立100周年大会上的讲话》，《人民日报》2021年7月2日，第2版。
③ 习近平：《在党史学习教育动员大会上的讲话》，《求是》2021年第7期。
④ 习近平：《在党史学习教育动员大会上的讲话》，《求是》2021年第7期。
⑤ 习近平：《在党史学习教育动员大会上的讲话》，《求是》2021年第7期。

想政治教育实践性不足的困境。高校思想政治工作者可以利用现代信息技术尝试搭建一个多维、动态、科学的虚拟仿真课程平台，构建高校思想政治教育实践环境。学生通过角色扮演参与到各个教学情境中，帮助大学生了解掌握相关理论知识的同时，激发大学生的情感共鸣，引导大学生将理论知识外化为实践行为。虚拟仿真课程的特点是不受制于时间和空间的限制，学生可以随时远程登录进入系统进行实践学习，而且系统还可以将学生的实践数据收集起来，为高校思想政治工作者对受教育者进行更有针对性的学习指导提供帮助。

（二）构建网络虚拟社群

网络虚拟社群，又被称为"网络社群"或"虚拟社群"，即是指"通过各类网络应用连接在一起而建立的网络群体"[①]。信息化时代，青年大学生作为互联网蓬勃发展进程下的"网生一代"，往往将网络虚拟社群作为满足自身信息需求和社会交往需求的渠道，且表现出依存度高、关注时间长且了解程度较深的特点。因此，在进行高校思想政治教育过程中，网络虚拟社群已经成为一种新的载体。

一是构建知识型社群。知识的转移、积累、转化和共同创造是知识型社群的基本特征，社群管理者和社群成员间智慧的碰撞、思维的交锋，时刻推动着知识的更新、升级和创造，这既是知识型社群得以形成的基础，又是知识型社群持续运转的要素。随着互联网的发展，人们对知识的需求也日益提高。高校思想政治工作者要担当起管理者和引领者的角色，有效推动社群中的知识创造，实现知识的发酵和再生，推动知识的传播与共享，使社群成员能够获取更多、更实用的知识，实现共同学习的目的。高校思想政治工作者要大量聚集起有分享意愿、学习意愿的成员，让知识分

---

① 张长亮、王晰巍等：《网络社群用户信息行为发展动态及趋势研究》，《情报科学》2018年第3期，第157页。

享成为成员之间社交与情感的桥梁，注重强化成员间的知识共享行为，实现社区成员间更深层次的共同成长。不仅如此，还要提升社群成员获取、利用、整合和创造资源的能力，通过利用、改变、调整和优化资源组合来提升资源本身所能产生的价值，实现资源的最大化效用。

二是构建学习型社群。随着工业社会向信息社会、知识社会的转型，我们开始重新认识学校教与学的范式，特别是社群学习对学校学习、课堂学习的补充作用。社群学习没有固定的范式，社群互动中的教育内容更加宽泛和多样，社群成员在社群中可以选择自己喜欢的话题，通过分享、交流和思考，实现深度参与，并发生真正的学习。一方面，高校思想政治工作者要重视学习型社群的价值。在学习型社群中，成员间随时随地可以发生学习行为，是一种强链接、近距离的学习方式。高校思想政治工作者要利用新媒体技术构建讨论群组，将具有共同学习目的和需求的学生群体聚集在一起，通过布置课前学习任务、完成课外资料的收集整理、课后引导成员加入问题讨论等方式，促进学习行为的产生。另一方面，高校思想政治工作者也要关注学生道德、心理、情感、娱乐、艺术等多方面的兴趣发展，要将其作为课堂内容的补充。

三是构建引导型社群。网络社群不仅是信息共享和社会交往的载体，在某种层面上更是蕴含着影响成员思维模式和观念意识的力量。高校思想政治工作者要强化网络虚拟社群的价值观引导作用，引导群内成员建构自我精神世界，重塑价值观念。当社会上发生重大突发事件或舆情时，社群内的高校思想政治工作者要注意观察大学生社员的情绪和思想，要注重对其进行有效的情绪疏导和思想引导。高校思想政治工作者要了解大学生群体的情感需求和真实诉求，善于利用时机，通过设置合宜的议题、适合大学生群体的话语方式和传播机制，为大学生价值观的形成创设一种环境、氛围和气场，实现对大学生的价值引导。

（三）构建虚拟学习社区

虚拟学习社区是指"部分具有学习需求和交互愿望的个体，以提升学习效果为目的，借助互联网技术进行线上互动学习形成的虚拟组织"[①]。信息化时代，虚拟学习社区的出现和发展为学习者基于互联网络开展协作学习、知识建构和智慧发展打造了更好的学习环境，成为信息化时代高校开展思想政治教育的新载体。

首先，构建一个学习专区。高校思想政治工作者应着力构建一个集教学视频、课后练习、疑难解答于一体的虚拟学习专区，而学生只要登录该移动端就可以进行学习。在教学视频区要上架关于高校思想政治教育的精品课程、重大学术会议、专业视频讲座等视频，便于学生随时随地拿起移动互联设备进行学习；课后练习区主要是对学生的课程学习情况进行检测，不仅学生自己可以实现知识的巩固，高校思想政治工作者也可以精准掌握学生学习的薄弱环节；疑难解答区主要是用作加强师生沟通的互动专区，通过师生间的一问一答，实现对学生的一对一辅导。

其次，构建一个服务专区。在虚拟学习社区中，存在着各种学习资源，如何为不同的学习者提供更具针对性的教育服务是构建虚拟学习社区的重要问题。对此，高校思想政治工作者可以在虚拟学习社区中加入兴趣模块，尽可能多地涵盖高校思想政治教育的教育群体，向所有社区成员开放，更加注重成员的个人喜好和选择，让成员通过点击就可以进入自己感兴趣的专区进行学习和互动交流。这种模式可以帮助成员建立起属于自己的兴趣圈子，在与他人的学习交流中，增加学习的热情；高校思想政治工作者可以在虚拟学习社区中设置推荐功能，通过收集社区成员的使用数据，针对社区成员的个性化特征、考虑社区成员不同的学习能力，更有针对性地制订学习方案、推荐学习资源；高校思想政治工作者可以从社区

[①]　张季芳、吴楠：《虚拟学习社区环境下大学生思想政治教育创新路径研究》，《学校党建与思想教育》2018 年第 8 期，第 56-57+60 页。

成员的学习过程和学习特征入手，以社区成员的兴趣爱好、知识水平、自主学习和协作学习积极性作为条件将其进行分组，开展有针对性的教学指导，实现个性化教学，提高社区成员的学习效率。

最后，构建一个活动专区。社区活动是达成虚拟学习社区目标的保障。而基于虚拟学习社区的在线学习活动和课堂教学活动是有区别的，"机械地照搬课堂活动到线上，会造成在线学习效果大打折扣"[①]。一是加强社区活动的整体设计。高校思想政治工作者要与社区成员共同探讨并设计具备科学性、教育性及趣味性的活动选题，制订更加灵活和具有可操作性的活动实施方案，包括明确活动要达到的目标、具体的活动任务、活动规则、组织方式及活动评估等。二是随时调节活动的节奏。虚拟社区开展的活动应该是有层次结构的，是可以随时根据情境调整活动节奏的一种动态活动。高校思想政治工作者要善于把控和调节这种活动节奏，要在活动中发挥干预、引导、建构的能力，最大限度的给予活动支持，激发社区成员对活动的热情和责任，挖掘社区成员创造力。三是高校思想政治工作者要学会转变角色。高校思想政治工作者在活动专区中不再只是活动的主导者、知识的灌输者，他们同样也是社区活动的组织者、支持者和管理者。高校思想政治工作者要在活动中对活动效果进行真实评价，肯定成员的发展与进步；要在活动中为成员提供学习资源、答疑解惑，更要在活动中加强对成员参与过程进行记录、监控与督促。

三、构建思政网络学习空间

教育部下发的与学习空间建设有关的相关文件中要求，"到2022年，

---

① Campbell, P., & Cleveland-Innes, M,"Affect as Presence in Online Communities of Inquiry", Proceedings of the 21st Annual Conference of Distance Teaching and Learning. Madison, WI. Carr-Chellman,A.,& Duchastel, P. The ideal online course. *British Journal of Educational Technology*, 2005,31（3）, 99. 229-241.

全面普及实名制网络学习空间综合运用信息技术解决教育教学实际问题，实现基于空间的教与学应用、教学管理、教学治理的常态化"。可见，网络学习空间带着助力教育变革，实现教学管理、教学治理常态化的使命诞生，将其广泛应用于信息化时代高校思想政治教育载体创新同样具有重大意义。

（一）打造多样化内容策展平台

信息化时代，随着网络技术的不断发展，数字资源飞速增长，探索如何将资源进行有效地聚集、检验与注释，从而为大学生展现出更加清晰、直观的知识呈现方式，对于提升大学生的学习热情至关重要。当前，很多学者将目光投向了以"找出最佳与最相关的内容，然后以最合适的方式呈现"①为主旨的内容策展。所谓内容策展就是"发现组织和分享在线内容的过程，它是人们赋予任何搜集、组织而得的信息以'定性判断'，从而增加这些信息的价值的活动"②。简而言之，内容策展就是通过利用人的智慧发掘优质资源，实现对资源的整合、筛选、组织、呈现和发展，并最终将与用户信息需求最相关最精准、内容丰富而又富含意义的结构化信息呈现给用户。

信息化时代，特别是随着内容策展在信息分享和推荐领域的逐步拓展，其在新闻报道、网络舆情甚至在线教育领域都展现出了优势，一些高校思想政治工作者也开始注意到内容策展在信息化时代高校思想政治教育创新方面的优势。从信息化时代高校思想政治教育的创新发展来看，随着慕课、微课等教育方式的兴起，线上教育资源大规模激增，高校思想政治工作者一直致力于解决在线学习资源过载所带来的负面问题。而内容策展平台则可以实现对杂乱无章的资源信息的挑选、转化和创造，从而转变为

---

① 吕琳露：《内容策展平台及其特征研究——以"花瓣网"为例》，《现代情报》2017年第3期，第62—68页。

② 关中客：《从搜索到聚合到策展》，《中国信息技术教育》2013年第1期，第26页。

精练有用的内容。一方面，内容策展平台可以更加精确、全面地获取高校思想政治教育信息。相比于传统的搜索引擎，内容策展可以实现对相关主题内容的全面获取，用户可以直接获取所需信息，降低或避免了用户的二次检索，有效提高了阅读效率。另一方面，内容策展实现了对高校思想政治教育内容的再重组和再创造。内容策展关注的是对高质量内容的重组、评价，避免了冗余信息的产生，致力于将最前沿、最完整的信息分享给用户，增加了网络中优质资源的曝光率和利用率。

构建内容策展平台以实现帮助用户实现以下几种学习状态。

获取式学习。获取式学习是不断丰富自我以实现自我发展的重要途径。一个可以促进获取式学习的高校思想政治教育内容策展平台应该具备以下三个特点：首先，要能自动收集一些与主题相关的在线内容或资源。内容策展平台要根据用户的个人知识管理功能和浏览记录，获取用户数据，分析用户爱好，推荐相关内容。特别是在Web 2.0环境中，每天都有大量的数字资源产生，平台要持续不断地将相关主题的新内容推荐给用户，提醒用户阅读和学习，最大限度地帮助用户丰富该主题的内容资源。其次，要具备手动添加功能。高校思想政治教育内容策展平台的链接范围要更宽广，丰富资源获取途径；要致力于把内容策展平台打造为用户自身的信息资源管理平台，而不仅仅是某一个学科的、某一个领域的信息平台；要在平台中为用户提供手动加入资源链接的方法，方便用户将第三方资源一键添加到内容策展平台。最后，要具备检索功能。内容策展平台的策展人往往是在某些擅长的领域有着深入研究的人，他们通常会更加全面和精准地向读者阐释问题。加入检索功能的内容策展平台可以让用户更加方便、快捷地搜索到所需资源，提高学习效率。

碎片式学习。对于大学生而言，除去集中学习的时间外，剩余的时间往往都是碎片式的，如何利用好碎片时间充实自身显得非常重要。内容策展平台要致力于通过碎片化的信息，扩宽学生的视野，培养学生的兴趣，实现对集中学习的有效补充。对此，可以在内容策展平台中加入标记、存储、分类等功能，方便用户整理学习内容和随时添加自己的感悟心得。

分享式学习。知识分享是内容策展平台存在的根本，只有源源不断的知识分享才能为内容策展平台注入更多的活力。内容策展平台可以与微信、微博、QQ等应用程序相连接，设置不同的知识分享渠道；还可以进行分组畅聊，将有共同爱好和共同兴趣的人集中起来，在交流和分享中开拓视野，构建起新的知识体系。

（二）打造智能化跟踪辅导平台

信息化时代，信息技术的快速发展革新了传统高校思想政治教育的教学方式和辅导答疑形式，通过构建智能化的跟踪辅导平台实现对大学生学习行为的记录和持续跟踪，以线上的多人互动方式实现对大学生疑难问题的解答，极大地调动了大学生参与高校思想政治教育辅导答疑的积极性和热情，有效提高高校思想政治教育教学质量。

首先，对大学生课堂行为的记录与分析。信息化时代背景下的高校思想政治教育不再是传统意义上面对面的课堂教学模式，越来越多的在线教育、远程教育模式开始兴起。大学生线上学习的效率和效果一直是高校思想政治工作者关心和关注的问题。区块链近几年出现在人们的视野中，它是"一种由多方共同维护，使用密码学保证传输和访问安全，能够实现数据一致存储、难以篡改、防止抵赖的记账技术，也称为分布式账本技术"①。区块链技术在使用过程中，不仅可以对所有的信息做到实时记录，而且这种记录是不可篡改、不可撤销的。对于信息化时代的高校思想政治教育智能化跟踪辅导平台而言，可以通过分布式记账为数据的安全与管控提供保障，从而建立起更加完整的数据链。高校思想政治工作者可以以区块链为基础建立学生学习账本，记录大学生学习的全过程，为后续教学活

---

① 中国信息通信研究院：《区块链白皮书（2019）》，《中国经济周刊》2019 年 11 月 12 日。

动的开展提供真实、可靠的信息支持。

其次，对大学生学习行为的持续跟踪。所谓对大学生学习行为的持续跟踪就是要实现对大学生基本资料、学习时间、学习频率、课后练习等学习行为的准确反映。具体来说，一是要将利用区块链技术获取大学生的学习信息，并将数据存储在高校思想政治教育智能化跟踪辅导平台中，为数据库配备专用的密钥；二是在智能化跟踪辅导平台数据库中生成学生信息的唯一代码，并将学生学习行为信息导入到智能化跟踪辅导平台数据库中储存并保存；三是将教师信息、课程内容、授课方式等信息存储在智能化跟踪辅导平台数据库中，同时将学生的课堂参与度、课堂活跃度等数据信息及时传输至智能化跟踪辅导平台数据库中，让高校思想政治工作者或学生随时可以查询到相关信息；四是根据上传至智能化跟踪辅导平台数据库中的信息形成对学生学习行为的评价。一方面教师可以第一时间改变教学策略，监督、提醒学生，从而提高学生的学习质量；另一方面，学生可以第一时间发现薄弱知识点并进行知识巩固。

最后，对大学生学习进行精准的辅导。传统的高校思想政治教育受限于师资、授课时间等的限制，无法及时、精准地解答大学生在学习中遇到的疑难问题。对此，利用智能化跟踪辅导平台打破时空界限，整合学科内的资源合力，形成"多对一"和"一对多"的辅导模式，实现对大学生课堂学习的有益补充。一般来说，智能化跟踪辅导平台的辅导模式有两种：一种是利用专题微课的形式，根据学生在每个专题授课内容方面存在的问题录制视频进行解答，并将相关视频上传到平台，方便更多的大学生进行查看；另一种是学生将自身在学习生活中遇到的相关问题上传至平台，实现在线答疑辅导。从高校思想政治教育智能化跟踪辅导平台的构建来看：第一，学生可以借助移动终端随时随地地上传问题，而高校思想政治工作者也可以随时利用移动设备回答平台上大学生的提问，这种问答形式可以将师生课后的碎片化时间串联起来，实现师生交互的进一步连接。第二，智能化跟踪辅导平台要设置消息提醒功能，无论学生提问，还是教师解答都要在第一时间发消息提醒学生或教师，提高问题反馈的速度。第三，这种基于智能化跟踪辅导平台的问答形式是对外开放的，平台上的用户都有查看的权利，加强知识的共享。第四，智能化跟踪辅导平台中的问答要具备评论、转发、点赞等功能，最大限度地实现多人参与的目的。

（三）打造个性化学习服务平台

构建个性化学习服务平台的目的不仅是解决学生学习的各种问题，同时也是发挥高校思想政治工作者的主导性作用。

一方面，实现学习服务平台的去权威化。实现个性化学习服务的前提是使师生处于平等地位，高校思想政治工作者不再是主导者、决定者，而是管理者、服务者。这种角色的转变和服务的理念要贯穿于该学习服务平台始终，去权威化、去中心化应该成为构建该平台的基本理念。值得注意的是，这里所说的去权威化不是否定高校思想政治工作者在学生个性化学习服务平台中的作用，不是指大学生可以在该平台中完全自主，更不是指平台中所有模块和程序都是完全自动运行的，而是指参与到个性化学习服务平台的高校思想政治工作者和大学生都是平等地享有调取平台资源的权利，高校思想政治工作者更是负有向其他学生个体提供服务的义务。首先，要弱化技术专制，以解决传统高校思想政治教育"教师主导性和学生主体性"相互分割的问题，确保无论是管理者、教师还是学生都可以在平台中实现公平交流和平等对接，为学习服务提供平等的环境氛围。其次，个性化学习服务平台的服务对象不再是某一个学校的学生，提供服务的群体也不仅仅只是某一个学校的教师。平台用户来源的广泛性决定了平台的服务范围。用户在使用平台时已经进行了身份认证，平台内的所有学生群体、教师群体和工作人员群体都是更大范围的群体划分，平台中群体的权利地位是一样的，各个群体各司其职，一切教育资源和学习内容都可以在校际和地区之间流动。最后，去权威化不意味着完全无约束的平台活动，恰恰相反，我们要更突出服务性，要以一种更合理、强流动性的方式推动个性化学习服务活动的开展，促使所有用户都可以抛去束缚，以更积极的心态参与到高校思想政治教育活动中去。

另一方面，重构学习服务平台的师生信任体系。大学生是高校思想政治教育个性化学习服务平台的主要受众和服务对象。为了实现对大学生的个性化精准服务，需要对大学生网民深入了解，只有了解他们的需求，才能对他们进行引导。高校思想政治工作者利用学习服务平台为大学生提供服务的过程，也是对大学生进行引导的过程。而这种"引导"要做到"润物细无声"，且被大学生"欣然接受"，需要教育者和受教育者彼此了解和尊重，形成一种良好的互动效果。高校思想政治教育的学习服务平台归根结底是一个虚拟平台，具有虚拟性特征，不可避免地会存在信任危机问题。而面对这种情况，我们必须要认识到信任的重要性，只有双方在保证较为积极且互相沟通的状况下，信任机制才能够建立。因此，从打造和推动个性化学习服务平台良好运行的角度出发，高校思想政治工作者要将大学生看作平等而富有可塑性的对象，给予他们尊重与信任，在此基础上开展的教育教学活动才能得到大学生的欣然接受、主动配合和积极反馈。

本章小结

随着互联网技术的发展，具有信息化时代特点的高校思想政治教育载体应运而生。本书创新地提出了"打造思政媒体教育矩阵""创设思政教育虚拟社区""构建思政网络学习空间"三种信息化时代高校思想政治教育载体创新思路，目的就是通过打造、创设和构建更加高效的高校思想政治教育新载体以增强高校思想政治教育的时效性和吸引力。

第七章　信息化时代高校思想政治教育机制创新

机制是"社会系统运行的各构成要素之间相互联系、相互作用的手段、原理及方式"①。机制中包含了多个要素，各要素按照一定的规律排列，彼此之间相互依存、相互影响，再通过相互作用保障系统运行。从高校思想政治教育出发，该教育体统中的各组成要素之间相互衔接、协调与补充，"是一个按照一定方式和规律运行着的动态过程"②，必然是在"不适应—适应—超越的过程中前进，不断推进机制的创新，实现系统的自我约束、自我调整、自我完善"③和自我发展。

一、构建信息化时代高校思想政治教育监管机制

信息化时代，高校思想政治教育的创新过程，既是信息技术与高校思想政治教育结合的过程，也是有计划、有组织地"管控"和"约束"的过程。

（一）管控机制

首先，构建信息监管机制。在相关法律允许的范围内高校在校园网络中加入信息监控和过滤软件，过滤和剔除一些不利于大学生身心健康的网络信息，拦截一些不良信息和非法广告链接等内容，实现网络信息的过滤工作。高校要明确学校网络维护和信息发布部门的职责，提高网络管理水

---

① 臧宏玲：《高校思想政治教育前沿问题研究》，长春：吉林人民出版社，2017年，第194页。
② 邱伟光等：《思想政治教育学原理》，北京：高等教育出版社，1999年，第206页。
③ 李小红、杨柳：《新时期高校思想政治教育与管理创新》，北京：新华出版社，2015年，第89页。

平，切实落实网络信息监控工作。不仅如此，信息化时代高校思想政治教育在载体创新方面构建了教育虚拟社区和网络学习空间的网络平台，而高校思想政治教育管理者则可以在法律允许的范围内，借助这些网络平台对大学生的网络行为进行一定的监管，一旦发现不良网络言行，可以及时地进行干预和引导。

其次，构建应急处理机制。规范、科学的网络舆情应急处理机制是高校安全稳定、校园和谐的重要保障。第一，高校要成立网络舆情事件应急处理小组。该工作小组要由主要分管学校管理事务的领导担任组长，抽调党政办、宣传部、学生处、后勤、科技处等有关职能部门的人员担任组员，统一协调学校日常舆情监管工作和突发事件应对工作。第二，高校要做好突发事件应急预案。应急预案是应对突发事件、降低损失的有效方法和措施。高校要遵循科学性和系统性的原则，加强对网络信息的汇集、分类、整合和筛选，建立事前的危机预警和反应机制，提高应对突发事件的应急能力。对于突发事件的善后工作，高校要设置相应的恢复措施，避免突发事故的进一步蔓延和扩散，将影响降到最低。第三，高校要科学处理突发事件。安全应急处理小组在面对突发事件时要按照应急处置方案流程，迅速控制事件的发展和蔓延，迅速组织、科学处置，一边判断风险等级，进行有效控制，防止事件进一步扩大；一边查找源头，明晰事件来龙去脉，商定处置方案。在这个过程中，高校要做到信息的公开与透明，要及时公开事件的调查结果以及处理进度，阻止各种无端猜测和恶意谣言的滋生和蔓延。

最后，构建舆情疏导机制。对待负面舆论一味采取删、堵、封的方式不仅无法解决问题，还有可能引起反感，反而使问题变得更加严重。对此，高校思想政治工作者要善于利用"疏"和"导"两种方式构建起舆情疏导机制。所谓"疏"，即疏通，就是要求高校在处理网络舆情时始终和学生保持沟通的状态，确保信息交流渠道的畅通，让学生有机会表达自身的观点和想法，帮助学校掌握学生群体的真实思想状态。所谓"导"，即引导，就是要求高校要在掌握网络舆情基本信息和大学生真实思想状态的前提下，将事件向积极的方向引导，进而使大学生树立正确的道德观和是非观。

（二）约束机制

信息技术与高校思想政治教育相结合的影响是双重的。在推进信息技术与高校思想政治教育创新相融合的过程中，应对数据信息的使用加以约束，确保数据使用的正确性、有效性和完整性。

首先，构建数据分级分类管理机制。细化数据的分级分类标准，对数据价值进行科学评估，并依据数据价值采取不同的数据管理和保护措施。对于数据分类，更多的是从高校管理的角度出发，可以通过应用机器学习、模式聚类、自然语言处理、语义分析、图像识别等技术对高校管理性事务核心信息进行提取，梳理数据内容，生成标注样本，再加上人工的核对，实现对数据的精准分类。值得强调的是，在对数据进行分类时，如果数据分类的类别过少，则可能会出现数据无法归档的情况；但分类过于细化又可能会出现无数据可进行归类的情况。因此，数据分类标准的制定需要依据高校实际情况。除此之外，还要从安全和监管的角度对数据进行分级，设置数据敏感等级。数据的保密等级也要分为公开、部分公开和不可公开三类，实现对不同密级数据信息的分类监管。

其次，构建信息共享方面的约束机制。信息化时代高校思想政治教育创新工作的开展很大程度上依赖于对信息数据的收集，但在使用数据信息时又很容易出现"信息滥用"的情况。如何在保证个人信息安全的基础上，实现数据信息价值的开发至关重要。针对这种情况，构建信息共享约束机制势在必行。高校要从制度上加以规约，建立数据信息采集、共享、审查等管理条例，形成更加规范、科学和安全的数据信息共享管理制度体系。

最后，要构建信息安全保护机制。针对可能出现的隐私权和信息安全问题，需要构建信息安全保护机制，实现对信息数据的保护和安全开发。在数据采集方面，高校要明晰数据采集范围，特别是涉及隐私的数据，要在法律允许范围内进行采集，且要确保被采集人员的合法权益。高校对收集到的数据信息要做到分类分级管理，为后续的数据使用提供便利；在数据管理方面，高校要对数据采集、挖掘、使用、存储、维护等环节涉及的部门进行监管，确保相关部门间的协调合作；在数据使用方面，高校要设定数据使用标准、公开程度以及使用权限等，确保数据信息使用流程规范化。另外，高等院校在与政府和社会组织间有时还存在数据共享。对此要建立起高校、政府、行业和其他组织多方共建的隐私权和信息安全的伦理保护机制，建立隐私数据应用与保护的规章制度，发挥法律制度的约束能力。

二、构建信息化时代高校思想政治教育协同机制

"协同学"是"研究协同系统在外在参量的驱动下和子系统之间相互作用，反映的是系统中各子系统之间结合力的大小和融合度的高低"[1]。信息化时代的高校思想政治教育是一个包含教育体系、管理体系、保障体系、评价体系等的有机整体，"要提升工作实效，需要其所有要素协同发力"[2]。科学运用"协同学"理论，可以突破传统高校思想政治教育扁平化困境，从而形成一套全新的协同机制，推动高校思想政治教育实现"自我调整"。

（一）协同管理机制

所谓协同管理就是将协同学的思想引入到管理研究中，通过综合运用

① 陶帅：《思想政治教育中"协同治理"的运用》，《学校党建与思想教育》2010 年第 3 期，第 42-43 页。
② 黄友生、陈晓燕：《构建高校思想政治教育协同机制的路径探析》，《北京城市学院学报》2018 年第 3 期，第 86-89+104 页。

协同学和管理学的基本思想和方法，针对期望目标对系统实施有效管理，突出强调要素间的系统、配合。[①]信息化时代，高校思想政治教育的管理工作涉及到信息管理、危机预警、舆情引导、管理决策、教育服务等诸多方面，工作内容各有不同但又紧密相连，需要各部门通力协作，共同组成一个有序系统，协调一致地开展工作。

协同管理机制的要素是开展高校思想政治教育管理工作的抓手。一是各部门职能结构的协同。通常来讲，高校思想政治教育管理工作是一个系统性极强的工作，需要高校各部门分工协同，互相配合，使各部门的职能衔接紧密，协同管理结构完整。高校要以信息技术为基础，从思想政治教育的工作实际出发，设计更加完善的工作职能架构，形成更加稳固的管理系统。二是信息处理能力的协同。信息处理能力对于信息化时代的高校思想政治教育管理而言至关重要，但由于人们的数据收集和处理能力参差不齐，所以需要根据个人优势来合理地分配岗位、划分职责。信息化时代的高校思想政治教育开始越来越多地利用各种新技术、新手段实现对数据信息的采集，并通过处理、共享、加工和传递等手段实现对信息的控制。对此，亟须高校思想政治工作者提高自身信息处理能力和信息利用能力，要在熟练使用各种平台、工具和操作方法的基础上确保各类高校思想政治教育管理信息的精准传递，消除信息壁垒。三是协同开展网络舆情引导工作。高校各管理部门要协同合作，共同引导舆论走向，控制舆情发展。各部门要对网络舆情信息进行监测和收集，实时掌握舆情走向，关注舆情变化，一旦出现舆情危机相关部门就要积极介入、通力协作，积极引导舆情发展，推进舆情危机处理工作。

除此之外，为了更好地推进信息化时代高校思想政治教育协同管理机制的建构，首先要构建畅通的协同管理渠道。可以利用QQ、微信等日常使用率高、覆盖范围广的社交软件建立起学校、家庭、社会与学生间的沟

---

① 宿丽霞：《供应链上企业绿色技术合作机理及策略研究》，北京：地质出版社，2016年，第31页。

通渠道，达到零距离互动的目的。其次，要提升高校思想政治教育管理系统的自组织能力。所谓"自组织"是指"在一定环境条件下，由系统内部自身组织起来，并通过各种形式的信息反馈来控制和强化这种组织的结构"①。就高校思想政治教育管理而言，就是要在高校内部形成一种更加有序、稳固的管理体系，利用收集到的数据信息，推动高校思想政治教育管理效率实现由低级向高级的转变。最后，高校要完善协同管理工作制度，设计出更加合理、稳定、灵活的协同管理制度，明确协同管理原则，既体现制度的规范性和约束性，还要突出制度的多元化和合理性，制订合理的协同管理方案，并以此开展高校思想政治教育活动。

（二）协同育人机制

从实现高校思想政治教育育人目的入手，要"形成协同效应"。当前，高校思想政治教育协同育人成效显著，无论是"思政课程"与"课程思政"协同育人，还是"线上线下"协同育人，都有效推动了高校思想政治教育协同育人的工作局面。但不可否认的是，高校思想政治教育协同育人机制仍然存在各类问题，例如协同育人制度建设不完善，协同育人机制保障措施不健全等，为了更好地提高高校思想政治教育在培育人才方面的实效性，高校需对思想政治教育协同育人机制进行创新。

首先，要树立协同育人理念。高校思想政治工作者要抓住信息化时代发展契机，全力实现信息技术与高校思想政治教育理念的协同并进。要紧紧围绕信息化时代特点与"三全育人"的宏观理论指导，探索课堂、社会、网络的三维人才培养模式，推动协同育人机制建设。

其次，要完善协同育人机制。一是要推动高校思想政治教育载体的充分运用。高校思想政治工作者要促进传统载体和现代载体的结合，促进二者的优势互补和有机衔接，增强高校思想政治教育的广泛性和渗透性；在

---

① 曾健、张一方：《社会协同学》，北京：科学出版社，2000年，第33页。

具体的教育实践中,要灵活运用基于信息技术的网络新载体,例如教育虚拟社区、网络学习空间等,依据大学生的不同特点,开展教育工作。二是构建多元主体协同模式。要加强组织领导,健全领导机制,通过优化顶层设计,统筹各环节各部门,把教书育人、管理育人和服务育人结合起来。特别是要优化主体间的内部关系,促进"大思政"格局建设,确保思想政治工作系统内的各要素协同发力,提高育人实效。三是促进网上、网下高校思想政治教育相融合。网上及网下高校思想政治教育各有优势,要将互联网教学引入高校思想政治教育中,使线上和线下教育同步进行;高校应重视思想政治宣传教育,找出线上教育和线下教育的关联性,使其紧密联系,实现现实互动与虚拟互动的结合。

最后,打造一支协同育人教育队伍。根据信息化时代高校思想政治教育的特点和需求,构建一支具有网络权威性、可以牢牢掌握网络阵地话语权的工作队伍。这一支协同教育队伍要始终保持坚定的政治立场,对待善恶要有鲜明的态度,时刻牢记自身教育使命。在高校思想政治教育中,特别是高校网络思想政治教育中,要始终以大学生喜爱的通俗、生动的方式加强互联网环境中马克思主义理论的传播,发挥自身教育作用。这一支协同教育队伍要致力于打破大学生对于高校思想政治教育的刻板印象,以关怀的、平等的态度对大学生展开教育工作。

(三)协同治理机制

2021年全国教育工作会议提出,要"推进教育治理体系和治理能力现代化,为建设教育强国开好局、起好步"①。可见,协同治理成为新时代教育新命题。由于传统高校思想政治教育治理机制的不足不断凸显,为了更好地促进信息化时代高校思想政治教育的创新,必须促进高校思想政治教

---

① 《乘势而上 狠抓落实 加快建设高质量教育体系 2021年全国教育工作会议召开》,《中国民族教育》2021年第2期,第4-5页。

育治理机制由滞后向应时过渡，将散乱的要素组合成一个整体。协同治理概念是基于公共管理概念而提出的，其"在本质上是一种通过在共同处理复杂社会公共事务过程中多元主体间的相互关系的探究，建立共同行动、联合结构和资源共享"①。多元、协商等内容是协同理论的基本理念，将其应用到高校思想政治教育工作中，主要体现在对多元主体相互协作的强调与重视，为当前高校思想政治教育治理机制创新注入了新理念新要素，有助于推动高校思想政治教育治理工作取得新突破新进展。

一方面，高校思想政治工作者要克服传统的封闭教育理念，积极构建学校、学院、学生、家长四维主体的协同治理机制，详细划分所有参与者的责任和权益，使各类主体自发投入到高校思想政治教育工作中来，赋予各群体平等的参与权，推动高校思想政治教育治理工作有序开展。

另一方面，为有效解决时代发展与传统高校思想政治教育之间的矛盾，需要打造新型协同治理机制。从明确治理机制中多元主体的具体职能入手，利用当前信息技术构建系统内部信息交流渠道，从组织、制度、技术三方面为协同治理机制的运行提供支持。同时设置监督和奖惩机制，并最终实现部门与部门之间、部门与个人之间以及个人与个人之间的协同治理。

三、构建信息化时代高校思想政治教育运行机制

所谓运行机制是指高校开展思想政治教育工作时需要从细节入手，向学习者渗透思想政治教育内容，在渗透的过程中潜移默化地实现对受教育者的引导，并通过互动实现信息的反馈，并最终形成闭环式的、循环往复的教育活动，不断推动高校实现政治教育价值的实现，促进高校思想政治教育实现"自我完善"。

---

① 吴翠丽：《协同治理理论视域下研究生思想政治教育新模式的构建》，《学位与研究生教育》2017 年第 10 期，第 33-37 页。

（一）融合机制

"思想政治教育中的渗透机制，不仅仅是一个方法问题，它反映了思想政治教育的本质属性。"[①]高校思想政治教育是一项较为特殊的教育活动，它肩负着向大学生传达党和国家所倡导的正向的价值观念、用先进的思想和理论对大学生施加影响的责任，这是一项有意识、有目的、有计划的教育活动。对此，我们必须明确构建信息化时代高校思想政治教育渗透机制的原则。一是目的性原则。高校思想政治教育中的渗透机制必须明确教育目的，只有这样才能有计划、有针对性地担起理论导向的作用。当前，意识形态领域斗争依然错综复杂，高校思想政治工作者要采用各种手段，在公共场所和媒体平台，理直气壮地开展高校思想政治教育工作。二是时效性原则。信息化时代信息量大、信息传播速度快，大学生的思想行为变化往往不可预知。只有紧跟社会热点事件，积极关注大学生的思想动态，才能及时地开展高校思想政治教育工作。三是渐进性原则。人的品德素质的提高非一日之功，相反，它的形成是循序渐进的过程，是一种量变过渡到质变的过程，需要采取循序渐进的工作方式。对此，高校思想政治工作者要坚持渐进性原则，真正从细微处、从学生思想实际出发，引导受教育者逐渐理解和领悟高校思想政治教育所倡导的世界观和方法论。四是持久性原则。高校思想政治教育的渗透工作绝不是一朝一夕就可以完成的，它贯穿于人们思想品德形成的全过程。因此，高校思想政治教育的渗透要具备连续性和持续性，达到全方位、多维度的持续作用。

突出教育内容的渗透作用。只有了解高校思想政治教育的内容才能选取适宜的载体和方法开展教育工作。对此要从以下几方面入手：首先，加强高校思想政治教育核心内容的渗透教育。高校思想政治工作者必须时刻谨记教育内容的性质和方向，将爱国主义教育、信仰教育、集体荣誉感教

[①]　李小红、杨柳:《新时期高校思想政治教育与管理创新》，北京：新华出版社，2015年，第90页。

育等作为主要教育项目，提升高校思想政治教育整体效应。其次，注重对中华优秀传统文化的渗透教育。我国传统文化的精髓能够体现民族的凝聚力、活力和创新力，蕴含着丰富的哲学思想、人文精神、教化思想、道德素质等，有助于帮助大学生形成良好的爱国主义精神。最后，要与时俱进，不断进行高校思想政治教育内容的完善和更新。随着信息化时代的来临，大学生的思想品德状况表现出多样性、复杂性和动态性的特征，需要高校思想政治工作者及时更新教育内容，如加入生命价值教育、网络道德教育、创新精神、环境意识培养、责任教育等，实现教育内容的多样化。

发挥教育环境的渗透作用。高校思想政治教育总要处于一定的环境之中，环境对人的思想政治品德的形成和发展有着直接或间接的制约与影响，具有暗示性和渗透性的特点。高校思想政治教育的渗透绝不仅仅只体现在课堂知识的传授中，更蕴含在大学生学习、生活的环境中，时刻对大学生思想品德和心理发展起着感召、促进和约束的作用。一方面，从改善物质环境入手。信息化时代的高校思想政治工作者要注重把握时代特点、结合时代发展，积极推动电子图书、网络课程、远程辅导等媒介的应用，扩大媒介覆盖范围，加大媒介物质环境的渗透作用。另一方面，从改善精神环境入手。信息化时代高校思想政治教育除了要改善校园文化环境，还要注重校园舆论环境。要充分发挥校园媒体的功能，加强对党的路线、方针、政策的宣传，加大对正面典型、正面人物的宣传，壮大校园主流舆论环境；要加强对网络媒介的监管，加强对校园舆情的识别，营造一个健康、积极、向上的舆论氛围。

加强教育载体的渗透作用。紧密结合时代发展优势建立先进的网络载体，通过网络这一当前运用最广泛的媒介促进高校思想政治教育的渗透。高校思想政治工作者要掌握载体的运用方法和技巧，结合教育内容，充分发挥各类教育载体的优势，使教学过程更自然。除此之外，载体的运用要与高校思想政治教育的目的相契合，带有思想政治教育色彩，如此才能增强高校思想政治教育效果。比如管理载体，更多地运用于管理领域，但在高校思想政治教育过程中，就要与人的思想认识相契合，才能更好地发挥渗透的作用。

（二）互动机制

矛盾是引起和推动高校思想政治教育互动发生和存续的动力，在解决矛盾过程中，同时伴随着各种互动交流活动。从信息化时代高校思想政治教育作用机制来看：

首先，满足需求是信息化时代高校思想政治教育互动的最基本动力。需要是人类一切行为的动力和源泉。高校思想政治教育就是不断满足主体需要。其中，主体是相对高校实现政治教育而言的，矛盾是由于主体自身的需要和满足间的不对等所引起的。高校思想政治教育的作用就是从主体的需要出发，将社会所要求的思想品德素质内化为主体的素质。主体需要得到满足，主体价值提升，矛盾解决，高校思想政治教育的目的也自然得到实现。而主体再出现新的需要，矛盾继续发生，高校思想政治教育继续发挥作用，互动也继续地发生和存续。可见，主体的需求总是存在的、不断变化的，而高校思想政治教育就需要用各式各样的、变化发展的方式来满足主体需求。这个过程既是不断满足主体需求的过程，也是持续提升高校思想政治教育效果的过程。满足主体的需求越快，说明高校思想政治教育互动的效率越高；满足主体的需求越全面，说明高校思想政治教育互动的质量和价值就越高。因此，主体需要是互动开始的推动力，同时也是互动交流的根源。

其次，精神认同是信息化时代高校思想政治教育互动持续的动力。高校思想政治教育更多地是精神层面的教育和引导，因此，如何满足主体的精神需求成为高校思想政治教育互动发生和存续的最根本原因。主体的精神需求主要包括信仰、情感、人格、尊严等，其中信仰是在人的意识中居于统领地位，是人的精神支柱和动力源泉，这一力量足以帮助人克服一切物质与精神上的消极因素。信仰的形成是在观念、情感、认识等的基础上才形成的最高的满足需求，也是推动高校思想政治教育互动持续发展的不竭动力。

最后，教育目标的实现是信息化时代高校思想政治教育互动的最终指向。高校思想政治教育互动的最终目标就是帮助受教育者树立坚定的马克思主义信仰、共产主义远大理想和中国特色社会主义共同理想，在互动中引导受教育者把真、善、美融入情绪情感、意志态度和信仰之中，将学生塑造成更全面的、更符合社会发展需求的人才。

高校思想政治教育的过程是一个双向互动的过程，教育者在互动的过程中以多样化的方式将正向的思想观念、价值取向、行为准则传递给受教育者，而受教育者通过双向互动将反馈信息传递给教育者，形成一个闭环的互动交流过程。信息化时代的高校思想政治教育除了传统的课堂教育，也已经逐渐延伸至网络虚拟世界。高校思想政治教育必须要创新互动机制，如此才能进一步促进主客体间的良性互动。

一是拓宽互动范围。高校思想政治教育互动不能只局限在线下，而忽视线上，不能只局限在校内师生间的互动，而忽视潜在的更广泛的教育主客体。一方面，要将网络虚拟世界纳入到育人体系中，将高校思想政治工作者放到网络世界中，实现更大范围的知识传播，实现全方位育人。另一方面，要借助网络手段实现对受教育者的全程教育服务，增加主客体间的互动机会，努力实现全程育人。二是深挖互动内容。具有时代感的、能引起主体共鸣、满足主体需要的教育内容可以引起教育者和受教育者的互动。因此，要深挖受教育者的需求，选取更加生动的、鲜活的，能够触动受教育者精神世界的教育内容。教育者要注重整合校内资源，凸显每个部门或每个社团的特点，真正反映、解决受教育者最关注的现实问题。三是创新互动途径。互动途径的选择归根结底是为互动目标服务的，因此不论是传统的课堂互动，还是议题互动、直播互动、互动教学等，都是教育主客和客体实现价值交换的过程。

（三）引导机制

信息化时代高校思想政治教育的引导机制主要包含以下几方面内容。

一是主流意识形态的引导。习近平总书记说过："学校是意识形态工作的前沿阵地，可不是一个象牙之塔，也不是一个桃花源。"①当前，多元化的社会思潮导致我国出现各种"泛娱乐化"现象，对学校主流意识形态传播造成一定的冲击。不仅如此，随着信息化时代的到来，新一代信息技术的变革提高了整个社会的信息化程度，彻底颠覆了传统媒介，改变了整个舆论生态，削弱了大学生群体对主流价值观的认同感。因此，加强对大学生的主流意识形态引导至关重要。首先，在习近平新时代中国特色社会主义思想的指导下，我们应不断丰富主流意识形态引导内容、创新主流意识形态引导方式、完善主流意识形态生态体系，实现高校思想政治教育凝心聚力、统一思想的作用，为党和国家教育事业做出应有贡献。其次，新时代的高校思想政治工作者可以将课堂延伸至网络，将网络作为"第二课堂"，运用多种载体、多个渠道理直气壮地宣讲马克思主义理论，宣讲党的路线、方针、政策。还可以利用QQ、微博、微信公众号等平台，采用网民喜闻乐见的方式和通俗易懂的话语宣传马克思主义理论。面对网络中的错误言论，高校思想政治工作者要敢于发声，在评论问题时要有一定的依据可循，要将网络舆论向积极、健康的方向引导。最后，要发挥新媒体的主流价值观宣传作用。高校要遵循信息传播规律，利用网络媒体加强社会主义核心价值观的宣传。要选取大学生最乐于接受的方式将政治话语、学术话语转化为更亲切、更有温度的视频、动画等，实现主流意识形态的有效传播。

二是高校网络舆情的引导。高校网络舆情很大程度上是与大学生日常

---

① 习近平《思政课是落实立德树人根本任务的关键课程》，《求是》2020年第17期。

学习生活息息相关的话题，反映的是大学生的思想动态。高校思想政治工作者要密切关注网络舆情信息以及网络舆情中所暴露出的现实问题和突出矛盾，要准确掌握大学生的思想变化，时刻保持警惕，避免潜在的危机爆发。同时要制定合理的预防和管控措施，将潜在危机或问题及早剔除；要立足于社会主义意识形态，通过网络会议章程规划，将议题内容以新颖的方式表达出来，这样才能够激起学生的兴趣，通过教育引导使得大学生网民对各类网络议题增加了解，使他们的意见与主流的观念同频共振。

三是高校思想政治教育价值引领。受信息化时代的影响，大学生很大程度上是依赖于新媒体来认识和了解世界，网络媒介成为他们身体的延展。互联网改变了大学生的思维方式以及生活习惯，他们在网络的世界中实现了对世界的更深刻的认识。从这个层面来看，网络媒介是一种服务于人类的技术手段，但随着大学生对网络媒介的深度使用和过度依赖，现实生活的空间不断被挤压，他们越来越离不开网络。"当工具只能部分取代人的活动时它只是人的代理者或进行实践的手段，而当工具全面取代人的活动时，它就将成为人的替代者"[①]，信息化时代的高校思想政治教育就是要引导大学生找回理性、学会思考。一方面，要从大学生的真实需求出发，明确大学生价值观的核心内容。价值观应该包含大学生们对待生活的积极、向上的态度。高校思想政治工作者要引导大学生树立正确的需求观，不应只满足于基础的物质条件，还应注重精神文化建设；正确引导大学生的物质观，使他们懂得国家、集体和个人之间的关系，完成从物质需求向精神需求的转变；要帮助大学生认识到提升思想道德素质的重要性，要引导大学生在加强专业知识学习的同时，也注重思想道德的培养，引导大学生思想道德素质、文学文化素质和健康素质的协调发展。另一方面，营造良好的校园网络文化环境。各高校一直注重校园文化环境的建设，但随着大学生在网络虚拟世界中的交往越来越深，各高校同样要营造良好的

---

① 邓晓旭：《网络传播价值体系研究》，北京：中国社会科学出版社，2016年，第60页。

校园网络文化环境。要加强高校思想政治教育网络平台建设，通过定期更新文章、视频等方式对大学生价值观进行教育引导，保持价值观教育常态化。各高校可以将学校特色与高校思想政治教育内容相结合，开发具有价值意义的网络文化产品，例如微视频、小游戏等，为高校思想政治教育价值引导提供支持。

四、构建信息化时代高校思想政治教育保障机制

所谓高校思想政治教育保障机制就是为了"使高校思想政治教育不断创新，实现可持续发展"[①]，而提供的政策、队伍、组织等方面的条件和支撑。构建完善的高校思想政治教育保障机制，可以"增强高校思想政治教育工作生机和活力"[②]，是实现信息化时代高校思想政治教育"自我发展"的重要保障。

（一）完善高校思政工作相关制度

第一，相关制度设计保障。信息化时代的高校思想政治教育创新是一项长期系统的工程，需要调动全校各项资源，推动各部门分工协作，依次落实，有力推动信息化时代高校思想政治教育工作。高校要从建设目标开始设计系统，从态度和意识上全面加强要求，既不影响学校本身的正常教学与管理工作，同时又要达到信息化时代高校思想政治教育创新目的，这一过程涉及学校整体的管理、教学等各项工作，需要做好系统的设计。高校要加强顶层制度设计，明确规定高校思想政治教育体制中党委和校长的责任和义务、具体工作内容和工作重点；高校要积极响应国家在思想政治教育方面的纲领性文件的要求，结合学校目前的状况，提出信息技术支持下的高校思想政治教育创新的指导思想、基本原则和主要任务，提出具体

---

① 马奇柯：《论思想政治教育保障机制》，《学校党建与思想教育》2007年第2期，第33-36页。
② 张磊、谭翀、许文艳：《思想政治与模式创新》，长春：吉林文史出版社，2016年，第474页。

要求和工作方向；高校要通过制定相应制度，明确社会实践、教育环境、领导体制和工作机制等的具体工作要求。

第二，教育经费投入保障。目前高校教育经费主要来源于国家财政拨款和学费收入，而高校思想政治教育的经费包含在学校教育经费中。由于各个学校对高校思想政治教育重视程度的不同，宏观经费保障机制仍然存在经费占比较低、经费不足、经费利用不善等问题。对此，学校要从完善经费保障制度入手，从宏观层面明确高校思想政治教育发展目标，适当加大对高校思想政治教育工作的经费投入。除此之外，还要强调拓宽经费来源渠道的重要性，在制度层面提高重视程度。

第三，网络安全系统保障。近些年，国家在网络信息安全方面出台了众多法律法规，高校也要积极响应，进一步规范自身网络信息技术的使用。特别是随着大数据技术在高校思想政治教育领域的应用，越来越多的学生数据被收集、被利用。对此，高校要对学生数据进行分类整理，明确数据使用范围，规定数据使用主体，进一步贯彻执行国家的方针政策，使学生数据信息运用到正确的地方。高校还要明确网络信息技术的范围，划定网络信息技术合理使用限制，使高校思想政治工作者在教学过程中合理运用大数据技术，以实现高校思想政治教育工作的目的。

（二） 优化思想政治教育工作队伍

高校思想政治教育队伍是推动高校思想政治教育创新的执行者。高素质的教育队伍对于灵活应变教育过程中的机遇和挑战、创新教育路径至关重要。

一方面，要打造一支专业突出、专兼结合的工作队伍。针对信息化时代高校思想政治教育创新的需求，所有高校要加强教师团队的培养和建设，使高校的思想政治教育改革有序进行。高校应充分利用教师团队的专业优势，积极开展培训，学习马克思主义理论和国家方针政策，定期组织开展思想政治教育培训活动、专业研讨等，帮助高校思想政治工作者拓展自身知识，建立全面的知识系统，并注重培养高校思想政治工作队伍专业素养；高校要丰富思想政治工作队伍的学科背景，可以让心理学、教育学、法学、信息传播学等学科的专业人员参与到高校思想政治教育工作中，形成一支知识体系更加完善的工作队伍。

另一方面，打造一支素质过硬、能力突出的工作队伍。高校思想政治工作者要完善自身知识结构，熟练掌握互联网相关知识，善于利用相关技术手段创新教育方式，改变学生对高校思想政治教育的刻板印象；高校思想政治工作者要时刻牢记教育使命，在具体的学生思想辅导中，要深入了解学生需求，灵活运用马克思主义理论，用通俗、生动的方式加强马克思主义宣传。特别是面对信息化时代网络环境中滋生的不健康、不正确的价值取向，高校思想政治工作者要提升自身媒介素养水平，善于筛选与评判互联网信息内容，通过对相关新闻事件的再创新，进一步加强马克思主义在互联网环境中的传播；高校思想政治工作者要始终保持坚定的立场，对待善恶要有鲜明的态度，对错误思想要有高度警觉，积极承担监督学生网络言论的责任，引导学生形成正面、积极的价值观。

（三）强化校内各部门的配合联动

毛主席指出："思想政治工作，各个部门都要负责任。共产党应该管，共青团应该管，政府主管部门应该管，学校的校长教师更应该管。"[①]可见，思想政治工作涉及的内容较多，牵涉的部门较广。"高校思想政治教育组织之间实现有效的相互配合，相互协作，从而形成一套系统模式，是促进高校思想政治教育顺利有效开展的重要环节。"因此，若要实现信息化时代高校思想政治教育的创新，则要充分调动校内各部门资源，推动各部门相互配合，共同构成教育合力。信息化时代的高校思想政治教育创新要充分调动校内各部门相应资源，强化部门联动。

---

① 《毛泽东著作选读（下册）》，北京：人民出版社，1986年，第780页。

首先，主体联动。高校要坚持从上至下的纵向领导，同时推动横向系统部门、单位的相互配合，细化校级、院（系）级、班级等系统化的高校思想政治教育领导组织体系；高校党委要坚持党委领导下的齐抓共管工作机制，从宏观上把握高校思想政治教育根本方向；马克思主义学院、学生工作部门、共青团系统、各院（系）专业课教师、学校管理部门和服务部门等要形成一种良性的工作体系，各司其职、齐抓共管。

其次，队伍联动。学校层面，学校党委部门负责全面领导工作、宣传部门要作为领头部门和学院共同开展工作，学生处、团委等要作为辅助，提供后勤帮助；在学院层面，主抓教学的院长、系主任要在学院具体事务中全面管理，特别是与学生接触最多的辅导员群体，要让他们更好地为高校思想政治教育工作提供服务；在学生团体层面，要多关注学生团体，强化学生团队的建设力度，善于在潜移默化中实现对学生的引导。

最后，平台的联动。近些年，各高校相继构建了网络育人平台、网络管理平台、网络文化平台等，要积极发挥各网络平台育人合力，及时调整教育理念，更新教育方法，打破传统高校思想政治教育模式的限制。

本章小结

高校思想政治教育机制是实现高校思想政治教育效果的重要保障。本章立足于信息化时代背景，从推动高校思想政治教育"自我约束、自我调整、自我完善"[1]和自我发展四个方面入手，提出了"监管机制""协同机制""运行机制""保障机制"，使高校思想政治教育创新更具科学性和有效性。

---

[1] 李小红、杨柳：《新时期高校思想政治教育与管理创新》，北京：新华出版社，2015年，第89页。

结　论

马克思说过，问题就是公开的、无畏的、左右一切个人的时代声音。问题就是时代的口号，是它表现自己精神状态的最实际的呼声。高校思想政治教育创新研究，一直都是学科的前沿性问题。随着信息化时代的发展，传统的高校思想政治教育与现代社会发展的差距日益明显，亟待加强对高校思想政治教育新理念、新方法、新载体和新机制的研究。

第一，高校思想政治教育创新研究是符合时代发展特点和学科发展规律的时代命题。习近平总书记指出："做好高校思想政治工作，要因事而化、因时而进、因势而新。"①随着信息技术的发展与时代环境的变革，与时俱进、依据时代之需而不断创新是高校思想政治教育发展必须遵循的原则。如今网络社交平台已成为高校大学生的关注重点，大学生群体的思维特征和群体特征都发生了深刻变化。他们已经不再满足于接受一成不变的高校思想政治教育方式。因此，高校思想政治教育的创新不仅是其自身与时俱进理论品质的彰显，也是时代发展的现实呼唤和必然趋势，是符合时代发展特点和学科发展规律的时代命题。

第二，信息化时代对高校思想政治教育创新的价值是巨大的。信息化时代不仅为高校思想政治教育创新营造了宏观及微观环境，还为高校思想政治教育创新提供了技术支持和资源保障，使高校思想政治教育焕发出了新的生机和活力。具体来看，信息化时代使高校思想政治教育的预测更具前瞻性，对受教育者的认识由平面走向立体，由静态转为动态；信息化时代使高校思想政治教育的过程更具精准性，真正突出了高校思想政治教育

---

① 《把思想政治工作贯穿教育教学全过程　开创我国高等教育事业发展新局面》，《人民日报》2016 年 12 月 9 日，第 1 版。

过程中大学生的主体地位，最大限度地激发了大学生的学习兴趣和内在潜能；信息化时代使高校思想政治教育的决策更具科学性，确保了高校思想政治教育始终沿着正确的方向顺利推进。

第三，信息化时代与高校思想政治教育的结合打开了理念、方法、载体和机制创新的视野。信息化时代为革新高校思想政治教育理念、改善高校思想政治教育方式方法、创新高校思想政治教育载体和完善高校思想政治教育机制提供了新契机，与高校思想政治教育的实践发展诉求相契合，是其在新形势下创新的重要依托。首先，本书从价值诉求、实践指向和发展解读三个层面入手，推动了高校思想政治教育理念创新，不断提升人才培养质量；其次，本书从教育者、受教育者、技巧和实践应用四个维度出发，提出了人机协作法、智慧思维法、智能教育法和预警干预法，构建了信息化时代高校思想政治教育方法创新体系；再次，本书从当前时代特点、实践活动和载体设计这三个视角出发，积极探讨了媒体教育矩阵、教育虚拟社区和网络学习空间这三个高校思想政治教育载体体系，为信息化时代高校思想政治教育载体的深度应用夯实了基础；最后，本书立足于信息化时代高校思想政治教育创新各构成要素之间相互联系、相互作用，提出了监管机制、协同机制、运行机制和保障机制，旨在推动高校思想政治教育实现自我约束、自我调整、自我完善和自我发展。

当前，在信息化时代发展背景下，网络化、数字化及智能化成为驱动高校思想政治教育创新的重要力量。本书对未来高校思想政治教育发展趋势和发展方向做出了探讨，然而还有一些不足，特别是由于本人学术水平的桎梏和研究时间的有限，故而在探讨如何将信息化时代与高校思想政治教育方法、载体等进行结合，从而使信息化时代这个最大变量转变为高校思想政治教育创新的最大增量方面存在诸多局限和不足之处，这也将成为笔者今后研究的重点方向和内容。同时，书中在一定程度上存在论述不够深刻的情况，对此，笔者在今后依然要致力于高校思想政治教育创新研究，希望通过努力不断弥补本书中存在的不足之处。

参考文献

一、中文图书类

[1] 《马克思恩格斯文集》（第1—10卷），北京：人民出版社，2009年。

[2] 《马克思恩格斯全集》（第1卷），北京：人民出版社，2016年。

[3] 《马克思恩格斯全集》（第3卷），北京：人民出版社，2016年。

[4] 《马克思恩格斯选集》（第1卷），北京：人民出版社，2012年。

[5] 《马克思恩格斯选集》（第2卷），北京：人民出版社，2012年。

[6] 《马克思恩格斯选集》（第4卷），北京：人民出版社，2012年。

[7] 《1844年经济学哲学手稿》，北京：人民出版社，2018年。

[8] 《列宁选集》（第2卷），北京：人民出版社，2012年。

[9] 《列宁选集》（第4卷），北京：人民出版社，2012年。

[10] 《列宁全集》（第1卷），北京：人民出版社，2017年。

[11] 《列宁全集》（第6卷），北京：人民出版社，2017年。

[12] 《列宁全集》（第25卷），北京：人民出版社，2017年。

[13] 《列宁全集》（第55卷），北京：人民出版社，2017年。

[14] 《毛泽东选集》（第4卷），北京：人民出版社，2008年。

[15] 《毛泽东文集》（第6卷），北京：人民出版社，2009年。

[16] 《毛泽东文集》（第7卷），北京：人民出版社，2009年。

[17] 《毛泽东哲学批注集》，北京：中央文献出版社，1988年。

[18] 《毛泽东思想基本著作选读》，北京：人民出版社，2001年。

[19] 习近平：《之江新语》，杭州：浙江人民出版社，2013年。

[20] 习近平：《知之深，爱之切》，石家庄：河北人民出版社，2016年。

[21] 《习近平用典》（第1辑、第2辑），北京：人民日报出版社，2018年。

[22] 《习近平谈治国理政》（第1卷），北京：外文出版社，2018年。

[23] 《习近平谈治国理政》（第2卷），北京：外文出版社，2017年。

[24] 《习近平谈治国理政》（第3卷），北京：外文出版社，2020年。

[25] 习近平：《决胜全面建成小康社会　夺取新时代中国特色社会主义伟大胜利
——在中国共产党第十九次全国代表大会上的报告》，北京：人民出版社，
2017年。

[26] 阿尔文·托夫勒：《第三次浪潮》，黄明坚译，北京：中信出版社，
2006年。

[27] 埃瑟·戴森：《数字化时代的生活设计》，胡泳、范海燕译，海口：海南出
版社，1998年。

[28] 陈海燕等：《全球化时代高校思想政治教育创新研究》，济南：山东大学出
版社，2015年。

[29] 陈虹、孟梦、李艺炜：《新媒体视角下的高校思想政治教育创新研究》，天
津：天津社会科学院出版社，2017年。

[30] 陈胜国：《新时代高校思想政治教育创新发展研究》，北京：印刷工业出版
社，2019年。

[31] 陈万柏、张耀灿：《思想政治教育学原理（第2版）》，北京：高等教育出
版社，2007年。

[32] 崔付荣：《新时代大学生思想政治教育创新发展研究》，北京：新华出版
社，2018年。

[33] 崔文志、王报换、高扬文：《新时期高校思想政治教育创新研究》，北京：
首都师范大学出版社，2007年。

[34] 丹尼尔·贝尔：《后工业时代的来临》，高铦、网宏周、魏章玲译，南昌：
江西人民出版社，2018年。

[35] 冯刚：《高校思想政治教育创新发展研究》，北京：中国人民大学出版社，
2009年。

[36] 傅进军：《高校思想政治教育的创新与发展》，杭州：浙江科学技术出版
社，2006年。

[37] 韩玲玲、蒙良秋：《构建高校思想政治教育创新模式研究》，成都：电子科
技大学出版社，2017年。

[38] 胡钰：《信息网络化与高校思想政治教育创新》，北京：高等教育出版社，
2003年。

[39] 刘秉亚：《"微时代"高校思想政治教育创新研究》，成都：西南交通大学
出版社，2017年。

[40] 刘利峰：《思想政治教育与创新研究》，北京：北京理工大学出版社，2019年。

[41] 曼纽尔·卡斯特：《网络社会的崛起》，夏铸九译，北京：社会科学文献出版社，2006年。

[42] 尼古拉·尼葛洛庞帝：《数字化生存》，胡泳、范海燕译，北京：电子工业出版社，2017年。

[43] 潘敏：《高校思想政治教育创新与实践》，北京：中国言实出版社，2007年。

[44] 彭瑞清、周志峰、向中全：《新媒体环境下思想政治教育工作的创新与发展研究》，北京：光明日报出版社，2013年。

[45] 石国亮：《高校思想政治教育创新指引》，北京：中国言实出版社，2007年。

[46] 谭晓燕：《新媒体时代下高校思想政治教育创新路径研究》，沈阳：辽宁大学出版社，2018年。

[47] 维克托·迈尔舍恩伯格：《大数据时代：生活、工作与思维的大变革》，周涛译，杭州：浙江人民出版社，2012年。

[48] 刑国忠：《高校思想政治教育创新发展基本问题研究》，北京：知识产权出版社，2020年。

[49] 徐原、陆颖、韩晓欧：《"互联网+"时代高校思想政治教育创新研究》，秦皇岛：燕山大学出版社，2019年。

[50] 闫艳：《马克思交往理论视界中的思想政治教育创新探究》，天津：南开大学出版社，2015年。

[51] 杨晓阳：《新媒体背景下高校思想政治教育创新研究》，延吉：延边大学出版社，2017年。

[52] 约翰·帕夫利克：《新媒体技术：文化和商业前景》，周勇等译，北京：清华大学出版社，2005年。

[53] 詹姆斯·卡伦：《媒体与权力》，史安斌、董关鹏译，北京：清华大学出版社，2006年。

二、中文期刊类

[1] 卜慧楠、钱伟、马晓利：《新媒体的思想政治教育创新研究》，《中学政治教学参考》2019年第6期。

[2] 蔡立彬：《论应用型本科高校思想政治教育机制创新》，《学校党建与思想教育》2019年第12期。

[3] 曾令辉：《论网络思想政治教育方法的创新发展》，《学校党建与思想教育》2018年第19期。

[4] 陈雷：《新时代背景下高校思想政治教育创新研究——以自媒体矩阵育人新模式为例》，《教育理论与实践》2019年第9期。

[5] 陈淑丽、何会宁：《思想政治教育机制系统构建策略》，《学校党建与思想教育》2014年第3期。

[6] 陈运春：《新时期思想政治教育载体的创新与发展》，《教学与管理》2012年第30期。

[7] 程渺然：《网络环境下高校思想政治教育的理念转变》，《学校党建与思想教育》2019年第16期。

[8] 程仕波：《大学生思想政治教育方法信息化的路径探析》，《黑龙江高教研究》2017年第7期。

[9] 崔聪：《人工智能时代思想政治教育的算法风险及其应对》，《思想理论教育》2020年第5期。

[10] 崔建西、邹绍清：《论大数据时代思想政治教育方法的创新》，《思想理论教育》2016年第10期。

[11] 崔建西：《论人工智能时代思想政治教育的"变"与"不变"》，《思想教育研究》2021年第5期。

[12] 冯刚：《互联网思维与思想政治教育创新发展》，《学校党建与思想教育》2018年第3期。

[13] 冯留建、刘国瑞：《新时代高校思想政治教育内容创新研究》，《学校党建与思想教育》2018年第14期。

[14] 冯淑萍：《"互联网+"时代高校思想政治教育模式创新》，《思想教育研究》2017年第8期。

[15] 高金超、曹晶晶：《自媒体视域下高校思想政治教育协同创新研究》，《黑

龙江高教研究》2020年第11期。

[16] 高凯、杨恩泽：《区块链赋能：互联网时代高校思想政治教育困境破除与创新发展》，《黑龙江高教研究》2020年第11期。

[17] 管爱花、孙其昂、王升臻：《大数据破解思想政治教育"思想"之谜的思考》，《河海大学学报（哲学社会科学版）》2019年第8期。

[18] 何桂美：《大数据背景下创新高校思想政治教育方法略论》，《学校党建与思想教育》2019年第4期。

[19] 侯勇、贺钟霖：《思想政治教育亲和力研究：现状、评估与创新》，《思想政治教育研究》2020年第1期。

[20] 胡子祥、余姣：《大数据时代思想政治教育载体变革及对策研究》，《思想教育研究》2015年第2期。

[21] 黄伟：《"微"时代思想政治教育讲究方法创新》，《中国教育学刊》2017年第3期。

[22] 景星维、吴满意：《论网络思想政治教育的新理念》，《思想政治教育研究》2019年第6期。

[23] 孔文军、黄体锐：《自媒体时代高校思想政治教育方法创新研究》，《教育理论与实践》2018年第3期。

[24] 孔祥慧：《新时代大学生思想政治教育的文化育人理念及其强化》，《思想政治教育研究》2019年第1期。

[25] 邝家旺、王晓飞、张荣：《自媒体时代高校思想政治教育模式创新研究》，《吉首大学学报（社会科学版）》2019年第6期。

[26] 赖风、郑欣：《移动互联网时代高校思想政治教育的系统化创新：基于复杂性理论》，《江苏高教》2020年第6期。

[27] 雷彦巧、贾鹏、张丽萍：《论自媒体环境下大学生思想政治教育方法的优化》，《学校党建与思想教育》2016年第15期。

[28] 李芳：《网络时代高校学生思想政治教育的范式转换与路径创新》，《学校党建与思想教育》2018年第4期。

[29] 李红梅：《新媒体时代思想政治教育的"变与不变"》，《中学政治教学参考》2018年第30期。

[30] 李厚锐、朱健：《媒介融合环境下高校思想政治教育创新》，《思想理论教育》2018年第2期。

[31] 李基礼：《"微时代"思想政治教育控制问题与方法协同创新》，《学校党建与思想教育》2018年第15期。

[32] 李楠、张凯：《大数据时代高校思想政治教育的创新》，《马克思主义理论学科研究》2019年第4期。

[33] 李涛、闫成俭：《全媒体融合视域下高校思想政治教育创新路径探析》，《思想理论教育导刊》2019年第5期。

[34] 李霞玲、李敏伦：《信息化背景下高校思想政治教育协同机制的构建》，《学校党建与思想教育》2019年第17期。

[35] 李小平、姚芳：《大数据背景下高校思想政治教育创新研究》，《学校党建与思想教育》2018年第6期。

[36] 李叶宏：《改革与创新：基于区块链的思想政治教育教学》，《黑龙江高教研究》2020年第9期。

[37] 李颖、靳玉军：《网络空间视域下高校思想政治教育治理的创新发展研究》，《重庆大学学报（社会科学版）》2020年第5期。

[38] 李泽虹：《构建高校思想政治教育网络载体的策略研究》，《山东社会科学》2015年第12期。

[39] 李振秋：《五大发展理念是构建网络思想政治教育阵地的必然遵循》，《学校党建与思想教育》2017年第4期。

[40] 梁海娜、李俊奎：《"大数据"思想政治教育载体再思考》，《思想教育研究》2017年第12期。

[41] 刘冲、王梅：《新媒体、新时代与高校思想政治教育新方法》，《中国高等教育》2019年第7期。

[42] 刘春波：《大数据时代思想政治教育模式的创新》，《湖北社会科学》2016年第9期。

[43] 刘鹤、郭凤志：《论高校思想政治教育载体的拓展研究》，《黑龙江高教研究》2018年第3期。

[44] 刘宏达、隆梅凤：《大数据助推思想政治教育定性分析方法创新》，《思想政治教育研究》2020年第10期。

[45] 刘宏达、潘开艳：《融合创新：思想政治教育大数据研究的视角转换》，《学校党建与思想教育》2018年第3期。

[46] 刘惠：《新媒体时代思想政治教育创新路径研究》，《中学政治教学参考》

2020年第10期。

[47] 刘基、李积伟：《基于网络空间的高校思想政治教育治理研究》，《电化教育研究》2021年第5期。

[48] 刘莉：《探究高校思想政治教育新思路》，《中国教育学刊》2016年第2期。

[49] 刘强、刘红芹：《新媒体实践与高校思想政治教育传播体系建设》，《学校党建与思想教育》2018年第20期。

[50] 刘少文：《大学生思政教育的创新路径》，《人民论坛》2018年第10期。

[51] 刘社欣、古晓兰：《论思想政治教育的理念更新与方法创新》，《马克思主义与现实》2017年第3期。

[52] 卢岚：《思想政治教育创新：空间解释的"度"与"域"》，《学校党建与思想教育》2020年第1期。

[53] 卢勇：《基于虚拟仿真技术的高校思政课在线教学实践探索》，《中国大学教学》2021年第4期。

[54] 陆明：《教育信息化2.0时代高校思想政治教育改革创新发展研究》，《中国电化教育》2020年第11期。

[55] 陆挺、杨文燮：《高校思想政治教育的困境分析及机制创新》，《思想理论教育导刊》2016年第7期。

[56] 罗洪铁、陈淑丽：《论思想政治教育机制的内涵、功能及价值》，《思想理论教育导刊》2014年第3期。

[57] 马天琛、李怀杰：《运用"互联网+"创新高校思想政治教育路径探析》，《思想理论教育导刊》2018年第7期。

[58] 倪松根、孙其昂：《思想政治教育载体价值的逻辑意蕴及其实现》，《思想教育研究》2017年第8期。

[59] 钱国军：《"互联网+"背景下大学生思想政治教育长效机制的构建》，《学校党建与思想教育》2015年第22期。

[60] 钱云光、骆睿、张凤寒：《大数据时代大学生思想政治教育探析》，《学校党建与思想教育》2019年第12期。

[61] 邱安琪、鲁杰：《思想政治教育在新时代的创新发展》，《黑龙江高教研究》2019年第10期。

[62] 邱柏生：《关于思想政治教育基础理论创新的若干思考》，《思想理论教

育》2019年第8期。

[63] 饶芬芳：《新媒体环境下高校思想政治教育创新》，《中学政治教学参考》2019年第6期。

[64] 任瑞姣：《以新发展理念引领高校思想政治教育发展》，《教育探索》2017年第4期。

[65] 沈壮海、史君：《推动思想政治教育与信息技术的高度融合》，《国家教育行政学院学报》2017年第1期。

[66] 史良：《自媒体时代思想政治教育创新研究》，《中学政治教学参考》2019年第6期。

[67] 孙飞、赵攀：《互联网+时代下高校思想政治教育创新研究》，《山西财经大学学报》2016年第12期。

[68] 孙梦婵、杨威：《论新时代思想政治教育载体的新发展》，《思想政治教育研究》2018年第3期。

[69] 谭林：《论思想政治教育方法创新的内在规律探析》，《思想政治教育研究》2020年第1期。

[70] 陶好飞、莫勇：《大数据视域下高校思想政治教育创新路径研究》，《中国电化教育》2019年第8期。

[71] 田冰：《大数据视野下思想政治教育的探索和创新》，《教育理论与实践》2017年第3期。

[72] 王丛霞：《网络信息环境下大学生思想政治教育机制探析》，《求实》2013年第11期。

[73] 王海稳、汪佳佳：《大数据时代高校思想政治教育创新研究》，《思想政治教育研究》2017年第4期。

[74] 王寿林：《大数据时代高校思想政治教育方法创新研究》，《思想政治教育研究》2015年第6期。

[75] 王学俭、顾超：《信息社会条件下思想政治教育发展研究》，《安徽师范大学学报（人文社会科学版）》2018年第5期。

[76] 王易、单文鹏：《思想政治教育机制研究的缘起、现状与思考》，《马克思主义理论学科研究》2019年第1期。

[77] 王振兴：《信息技术对优化思想政治教育工作的作用探析》，《食品研究与开发》2021年第20期。

[78] 吴满意、王丽鸽：《从精准到智慧：思想政治教育创新发展的根本态势分析》，《马克思主义与现实》2019年第7期。

[79] 吴满意、王丽鸽：《新时代思想政治教育的创新发展需要处理好六大关系》，《中国高等教育》2020年第1期。

[80] 吴玉峰：《网络时代思想政治教育创新策略思考》，《中学政治教学参考》2019年第7期。

[81] 夏守信、韩君华：《网络新媒体在大学生思想政治教育中的创新应用》，《学校党建与思想教育》2018年第23期。

[82] 肖军：《新媒体时代大学生思想政治教育实践机制的构建》，《学校党建与思想教育》2015年第20期。

[83] 熊钰、林伯海：《基于互联网思维的高校思想政治教育创新研究》，《学校党建与思想教育》2017年第3期。

[84] 熊钰：《高校思想政治教育理念的发展和完善》，《思想理论教育》2018年第7期。

[85] 徐曼、冯小桐：《新时代思想政治教育创新发展研究》，《思想政治教育研究》2019年第6期。

[86] 徐培凌：《新媒体环境高校思想政治教育方法创新研究》，《中学政治教学参考》2020年第6期

[87] 徐徐：《新时代大数据思想政治教育创新发展研究》，《学校党建与思想教育》2018年第21期。

[88] 徐岩、杨晓玲：《大数据时代下高校思想政治教育创新探析》，《重庆邮电大学学报（社会科学版）》2017年第11期。

[89] 杨春、陈晓旭：《"微时代"高校隐性思想政治教育的创新研究》，《思想政治教育研究》2017年第5期。

[90] 杨晓春、杨雨：《思想政治教育创新的四个导向》，《学校党建与思想教育》2019年第8期。

[91] 杨晓慧：《以"大思政"理念创新思政育人格局》，《思想教育研究》2020年第9期。

[92] 杨雪梅：《互联网+时代高校思想政治教育管理创新探析》，《中学政治教学参考》2019年第6期。

[93] 叶磊：《媒介融合背景下大学生思想政治教育路径创新》，《学校党建与思

想教育》2019年第9期。

[94] 余佳莹：《"微时代"大学生思想政治教育载体创新》，《人民论坛》2014年第11期。

[95] 宇文利：《新时代思想政治教育创新之魂》，《思想理论教育》2019年第1期。

[96] 袁金祥：《新时期高校思想政治理论课实践教学的改革与创新》，《中国高等教育》2019年第2期。

[97] 张国启：《思想政治教育学科发展理念的时代变革》，《思想理论教育》2020年第4期。

[98] 张浩：《"微"视角下思想政治教育主体、内容及方法的创新》，《理论与改革》2015年第6期。

[99] 张建颖：《新媒体视域下大学生思想政治教育载体的创新》，《福州大学学报（哲学社会科学版）》2014年第2期。

[100] 张林茂：《在大数据时代创新高校个性化思想政治教育》，《中国高等教育》2018年第8期。

[101] 张璐斯：《运用大学网络社群创新高校思想政治教育研究》，《学校党建与思想教育》2019年第2期。

[102] 张荣、王晓飞：《以互联网为载体的思想政治教育信息传播论》，《中国教育学刊》2017年第7期。

[103] 张文强：《新时代构建高校思想政治教育协同机制研究》，《国家教育行政学院学报》2019年第12期。

[104] 张晓坚：《复杂社交网络背景下的高校思想政治教育创新路径探究》，《江苏高教》2020年第11期。

[105] 张瑜：《论互联网的二重性与思想政治教育创新发展》，《教学与研究》2018年第7期。

[106] 张桢：《新媒体环境下大学生思想政治教育载体探析》，《高教探索》2016年第2期。

[107] 张智：《把握好思想政治理论课改革创新的"度"》，《中国高等教育》2019年第12期。

[108] 赵浚：《大数据创新高校思想政治教育方法的探析与应用》，《贵州社会科学》2016年第3期。

[109] 赵明炬：《新媒介文化影响高校思想政治教育接受机制探析》，《黑龙江高教研究》2015年第4期。

[110] 钟启东：《思想政治教育理念创新的逻辑论析》，《思想理论教育》2016年第8期。

[111] 钟启东：《思想政治教育理念内涵论析》，《思想教育研究》2015年第12期。

[112] 周晓欣、张宁：《"微时代"以微信为载体的思想政治教育探究》，《教学与管理》2020年第6期。

[113] 朱希：《大数据时代高校思想政治教育再探》，《学校党建与思想教育》2021年第6期。

[114] 朱小芳：《当前高校思想政治教育工作协同机制研究》，《学校党建与思想教育》2018年第3期。

三、学位论文类

[1] 邓宇：《思想政治教育与互联网融合发展研究》，博士学位论文，东北师范大学，2019年。

[2] 李宝研：《大数据时代大学生网络思想政治教育创新研究》，博士学位论文，哈尔滨师范大学，2020年。

[3] 闵琳芝：《媒体融合背景下高校思想政治教育路径创新研究》，博士学位论文，兰州理工大学，2019年。

[4] 王黎：《全媒体时代高校思想政治教育创新发展研究》，博士学位论文，西北师范大学，2020年。

[5] 王萌萌：《大数据时代大学生思想政治教育创新研究》，博士学位论文，沈阳师范大学，2020年。

[6] 王炜炜：《大数据时代高校思想政治教育创新研究》，博士学位论文，燕山大学，2019年。

[7] 谢继华：《大数据视阈下高校思想政治教育创新研究》，博士学位论文，电子科技大学，2018年。

[8] 张瑞敏：《大数据背景下高校思想政治教育创新研究》，博士学位论文，华东师范大学，2020年。

[9] 邹慧：《新媒体时代思想政治教育创新研究》，博士学位论文，武汉理工大学，2018年。

四、外文文献类

[1] Chaofei Xue,Yu Liu. Research on The Innovation of Ideological and Political Education in Colleges and Universities in The New Media Era. International Journal of Higher Education Teaching Theory,2021,2（1）.

[2] Dai Rui. Research on the Innovation and Development of Ideological and Political Education in Colleges and Universities Based on Computer Technology. Journal of Physics: Conference Series,2021,1744（3）.

[3] Du Yu. On the Innovation of Ideological and Political Education Mode in Colleges and Universities under the Computer Aided Technology. Journal of Physics: Conference Series,2021,1744（4）.

[4] Haixin Jiang. New Characteristics of College Students' Ideological Dynamics and Innovation of Ideological and Political Education Methods based on Psychological Education. Journal of Contemporary Educational Research,2021,5（6）.

[5] Li Wei. The Development Path of Ideological and Political Education Innovation in Universities Based on the Computer. Journal of Physics: Conference Series,2021,1744（3）.

[6] LI Yalan,ZHAO Qingjie,JIN Lu. Innovation of Ideological and Political Education in Big Data Age. Canadian Social Science,2021,17（1）.

[7] ShengYu Xiao. Analysis on The Innovation Strategy of Ideological and Political Education in Colleges and Universities. International Journal of Education and Economics,2020,3（3）.

[8] Zihan Huang. Research on the Method Innovation of Ideological and Political Education for College Students. International Journal of Education and Technology,2020,1（3）.

附　录A

《信息化时代高校思想政治教育创新研究》

（教师调查问卷）

您好，谢谢您拨冗参与在线问卷调查。本问卷采取匿名方式填写，所有数据均用于统计研究。本调查项目没有对错之分，请按照您的实际情况和真实想法作答，这是本调查结果真实有效的重要保证。请先填写您的基本信息，并在各部分问卷的选项中依次勾选答案。请注意：如果没有标示为多选题，则题目均为单选题。衷心感谢您对本次调研的大力支持！

1.您在教学工作中，一般制作哪种教案?（　　　）

A.电子教案

B.大部分为纸质教案，只有一小部分电子教案

C.大部分为电子教案，只有一小部分纸质教案

D.纸质教案

2.您认为信息技术对于教学工作的重要性?（　　　）

A.非常重要　　　　B.重要

C.一般　　　　　　D.不重要

3.您在课堂教学中使用信息技术的频率?（　　　）

A.经常使用　　　　B.一般

C.很少使用　　　　D.从没用过

4.您是否尝试使用信息技术提升教学的有效性? ( )

　　A.经常　　　　　B.偶尔　　　　　C.从来没有过

5.您对于学生在新媒体平台上发布的信息会及时关注并反馈吗? ( )

　　A.完全会　　　B.会关注, 视情况反馈　　　　C.其他

6.您在应用信息技术进行教学与研究时, 最缺的是什么? ( )

　　A.有用的信息资源　　　B.硬件条件

　　C.时间精力　　　　　　D.合作团体

7.您希望信息技术对课堂教学的哪个方面起有效促进? ( )

　　A.教师的教学技能　　　B.学生的学习能力　　　C.师生的共同提高

8.您平时工作、学习和生活中主要使用下列哪种信息载体获取信息?

( )【多选题】

　　A.手机　　　　B.网络　　　　C.报纸　　　　D.杂志

　　E.书籍　　　　F.广播　　　　G.电影　　　　H.电视

9.您日常使用的多媒体软件有哪些? ( )【多选题】

　　A.微信　　　　B.微博　　　　　　C.QQ

　　D.陌陌　　　　E.抖音、快手　　　　F.其他

10.您将信息技术主要运用于? ( )【多选题】

　　A.出作业或考卷　　　B.课件　　　　C.计算成绩

　　D.上课时　　　　　　E.教研　　　　F.从来不用

11.在课堂教字过程中, 您运用最多的信息化教学工具是? ( )

【多选题】

　　A.多媒体计算机　　　B.平板电脑

　　C.网络教室　　　　　D.交互式电子白板

12.您选择和使用信息化教学工具的目的是? ( )【多选题】

　　A.传播大政方针　　　B.掌握学生动态

　　C.掌握班级动态

13.您认为信息化教学的能力?（　　　）【多选题】

A.能够借助信息化手段选择恰当教学策略

B.能够创设信息化教学环境，激发学生学习动机

C.能够遴选优质信息化教学资源

D.能够利用信息化手段优化组织教学过程

E.能够采用信息化手段进行教学、评价

14.您认为最需要的信息化资源是?（　　　）【多选题】

A.优质教学设计案例　　　　　　　　B.教学理论著作

C.教学课件　　　　　　　　　　　　D.典型示范案例

E.与教材配套的多媒体素材资源　　　F.其他

15.您认为信息化时代背景下教师应具备的素质有哪些?（　　　）

【多选题】

A.政治素质　　　　B.道德品质

C.知识结构　　　　D.组织管理能力

E.认知能力　　　　F.表达能力

我们的调查结束了，衷心地向您表示感谢! 祝您不断进步，生活幸福!

附　录B

《信息化时代高校思想政治教育创新研究》

（学生调查问卷）

您好，谢谢您拨冗参与在线问卷调查。本问卷采取匿名方式填写，所有数据均用于统计研究。本调查项目没有对错之分，请按照您的实际情况和真实想法作答，这是本调查结果真实有效的重要保证。请先填写您的基本信息，并在各部分问卷的选项中依次勾选答案。请注意：如果没有标示为多选题，则题目均为单选题。衷心感谢您对本次调研的大力支持！

基本信息

1.性别：A.男　　　B.女

2.年级：A.大一　　B.大二　　C.大三　　D.大四　　E.研究生

3.学科：A.文科　　B.理工科

1.您对信息技术知识的了解程度？（　　　）

　A.非常熟悉　　　B.基本熟悉

　C.知道一些　　　D.不太了解

2.您的信息检索能力？（　　　）

　A.精通检索工具和系统，精通信息检索的方法和技巧

　B.熟悉检索工具和系统，熟练掌握信息检索的方法和技巧

C.能够运用简单的关键词通过搜索引擎找寻数据

D.不太会使用搜索引擎寻找数据

3.您的信息选择能力？（　　　）

A.会利用技术工具对已有信息加以筛选，取得所需数据

B.能够对已有信息加以简单性的筛选和使用

C.会初步对已有信息进行选择和使用

D.不加选择的把所有获取的信息都拿来使用

4.您的信息分类能力？（　　　）

A.能够把收集到的信息精准归类和整理

B.能够把收集到的信息进行一般性的归类和整理

C.能够把收集到的信息进行初步的分类和整理

D.不能把收集到的信息进行归类和整理

5.您运用信息技术进行交流的能力？（　　　）

A.能熟练使用

B.基本能使用

C.在别人的帮助下使用

D.基本不太会使用

6.通过信息技术接受思想政治教育的可行性，您认为？（　　　）

A.认同　　　　　B.比较认同

C.不太认同　　　D.不认同

7.您平时学习和生活中获取信息的载体是？（　　　）【多选题】

A.手机　　　　B.网络　　　　C.报纸　　　　D.杂志

E.书籍　　　　F.广播　　　　G.电影　　　　H.电视

8.您平时学习和生活中主要关注的信息是？（　　　）【多选题】

A.时事新闻　　　　　　B.学习方面的资讯

C.生活娱乐资讯　　　　D.家人、朋友、同学的生活动态

E.其他

9.您关注的学校或院系的官方媒体有哪些?（　　　）【多选题】

A.官方微博　　　　　　　B.微信公众号

C.门户网站　　　　　　　D.百度贴吧

10.贵校的官方微博和微信平台信息的发布和更新频率如何?（　　　）

A.很高，有重大活动及新闻时会实时动态更新

B.较高，基本上每日一条

C.一般，基本上一周一条

D.不高，半个月或更久才一条

11.认为高校微博及微信平台的信息宣传对您的价值观塑造是否有帮助?（　　　）

A.很有帮助　　　　　　　B.有帮助

C.一般　　　　　　　　　D.基本没帮助

E.完全没用

12.您的辅导员和班主任的微博、微信的更新频率如何?（　　　）

A.很高　　　　　B.较高

C.一般　　　　　D.较少

E.完全没有

13.您与辅导员和班主任通过QQ、微博或微信进行日常生活、学习及思想交流的情况?（　　　）

A.很高　　　　　B.较高

C.一般　　　　　D.较少

E.完全没有

14.您对辅导员和班主任通过QQ、微博和微信进行日常生活、学习及思想交流的效果评价?（　　　）

A.很满意　　　　　B.满意

C.一般　　　　　D.不太满意

E.很不满意

15.贵校的思想政治理论课采用过以下网络信息技术的教学形式吗？

（　　）【多选题】

A.微课　　　　　　　　B.慕课

C.翻转课堂　　　　　　D.幻灯片教学

E.其他新媒体教学

16.贵校思想政治理论课教学采用微课、慕课等新媒体教学的频率？

（　　）

A.很频繁　　　　B.频繁

C.一般　　　　　D.不频繁

E.完全没有

17.您对思想政治理论课采用微课、慕课及翻转课堂等新媒体教学方法的满意度？（　　　　）

A.很满意　　　　B.满意

C.一般　　　　　D.不太满意

E.很不满意

18.您对思想政治理论课教师通过QQ、微博和微信进行日常生活、学习及思想交流的效果评价？（　　　　）

A.很满意　　　　B.满意

C.一般　　　　　D.不太满意

E.很不满意

19.您期望思想政治理论课的教学方法如何进行改进？（　　　　）【多选题】

A.以新媒体展现的案例分析式教学

B.以问题为导向的线上线下互动讨论式教学

C.以任务为导向的网络小组学习

D.以视频播放辅助课堂教学

20.您对高校各部门、辅导员、班主任及教师利用信息技术及资源进行

思想政治教育的建议？（　　　）【多选题】

    A.加强学校网络信息技术硬件设施建设，做好维护与更新

    B.加强校园文化建设与校园新媒体软环境建设

    C.积极打造具有影响力的官方微博、教师微博

    D.积极培养大学生网络意见领袖

    E.其他

我们的调查结束了，衷心地向您表示感谢！祝您不断进步，生活幸福！

附　录C

《信息化时代高校思想政治教育创新研究》

（访谈大纲）

一、访谈对象：思想政治工作者（包括教育主管部门领导，学校党委领导和党委主管部门领导，学校团委、学生工作部、招生就业处工作人员，辅导员、班主任等）

1.您认为信息化时代高校思想政治教育创新是否必要？

2.请您结合工作实际，谈谈目前信息化环境下高校思想政治教育创新主要应体现在哪些方面？效果如何？

3.目前，信息化环境下高校思想政治教育创新您认为面临的挑战有哪些？其中最大的挑战是什么？

4.您认为信息化环境下高校思想政治教育创新方面还存在哪些突出问题？存在哪些阻力？

5.目前，您认为信息化环境下高校思想政治教育创新的对策有哪些？请举例说明。

二、访谈对象：高校思想政治理论课教师

1.您认为信息技术对高校思想政治理论课教学效果有无影响？具体表现在哪些方面？

2.您在高校思想政治理论课教学中是否有利用信息技术进行了哪些教学模式改革？如果有，效果如何？

3.您在开发微课、慕课以及采用微课与慕课教学形式的过程中有哪些经验？遇到了哪些困难？

4.为了提高信息化环境下高校思想政治理论课教学的有效性，您认为需要在教材内容方面做哪些改进？

5.您认为信息化环境下比较有效的高校思想政治理论课教学方式和手段有哪些？

三、访谈对象：在校学生（包括本科生和研究生）

1.您认为信息化时代背景下提高大学生思想政治教育实效性应从哪些方面着手？

2.您与思想政治工作者、思想政治理论课教师和同学们通过QQ、微博或微信进行日常生活、学习及思想交流的情况？

3.您对思想政治工作者、思想政治理论课教师和同学们通过QQ、微博和微信进行日常生活、学习及思想交流的效果评价？

4.信息化环境下请结合自己和周围同学的情况，说说你们都有哪些思想问题和实际困难？

5.信息化环境下同学们喜欢上思想政治理论课吗？您希望老师从哪些方面进行改进？

6.您认为信息化时代背景下一个优秀的思想政治教育者应该具备哪些素质？